家庭で磨く

本番力

ここ一番に強い子を育てるための50の鉄則

村井正太郎
MURAI SHOTARO

幻冬舎MC

はじめに

「テストで緊張して自分の力を出せなかった」
「練習だとできることが、試合になるとできなくなる」
「家では上手にピアノが弾けていたのに、発表会当日で失敗してしまった」

　そんな子どもたちの話を聞くたびに、私は「もったいないな」と思ってしまいます。本当は実力があるのに、本番でその力を発揮できない……。子ども本人も、歯がゆい思いをしていることでしょう。
　また、それを見守る親御さんも「うちの子は、どうしてうまくいかないんだろう」と悩んでいる方が多いかと思います。子どもの将来を思って、どんな習い事が効果的なのかを考え、評判の良い施設・教室を探し、時には自ら送り迎えをして子どもを通わせている。時間・労力・お金を惜しみなく注ぎ込み、子どもの学力・体力は着実に成長している。にもかかわらず、いざというときに良い結果が出ない……。これ以上どうしたらいいのだろうと、行き詰まったように感じていることかと思います。

では、「ここぞ」という場面になると子どもが力を出し切れないのは、どうにもならないことなのでしょうか。私は、そうは思いません。「ここぞ」という場面で自分本来の力を発揮する能力――「本番力」は、学力や体力と同じように、伸ばすことができるのです。緊張や焦りから、今までは本番で本来の力を発揮できなかった子どもでも、本番力を養うことで、人生に訪れるあらゆる本番で力を出し切ることができます。

子どもにとっての本番である部活の大会や受験、それらの場面で良い結果を残すことができるかどうかは、場合によってはその後の人生を大きく左右することになります。子どもの頃に本番力を伸ばすことは、子どもの将来を考えるうえで、とても重要であるといえるのです。

私は１９７２年に「コアラ体育クラブ」を立ち上げ、半世紀近くにわたりスポーツ教育事業に携わってまいりました。一人ひとりの子どもの性格や特徴に合わせた指導をモットーに、これまで水泳、サッカー、スキーなどのスクール事業で10万人以上の子どもたちの成長を見届けてきました。子どもたちを指導するにあたっては、技術面はもちろん、昇級試験や試合で結果を出せるよう、本番力の育成にも重点をおいています。

本番力は、試験・試合当日など、本番の舞台でのみ磨かれるものではありません。自分の身支度を自分でする、自分で立てた目標を達成するために自ら考えて行動するといった、自身のコントロールをすることで養われるものなのです。やみくもに技術を教え込むだけでは、子どもたちはその力を本番で発揮することができません。技術的な指導と並行して、時に子ども自身に考えさせ、行動させる。そうすることで、子どもの本番力を養うことができるのです。

そして、この本番力はスポーツ教室でしか伸ばせないというわけではありません。「家庭」こそが、子どもの本番力を磨くうえでは最適な場となるのです。

なぜかというと、本番力の成長につながる「自身をコントロールする場面」が、家庭での日常生活のなかに多く潜んでいるからです。例えば、「朝一人で起きる」「親に言われる前に自発的に宿題に取り組む」「翌日の持ち物の準備を自分でする」などの場面が挙げられます。こうした日常のなにげないことでも、自分の力でやり遂げる経験を積み重ねることによって、子どもたちには自信が芽生えます。そして、その自信が「ここぞ」という場面で心の支えとなり、本番で力を発揮することにつながるのです。

ただし、家庭で子どもの本番力を伸ばすためには、親御さんの関わり方が非常に重要になってきます。というのも、親御さんが子どもを毎朝起こしてあげたり、宿題をするよう促したり、翌日の持ち物を準備してしまっては、子どもの本番力成長の機会を奪うことになってしまうからです。子どもの本番力は家庭でこそ磨かれるものですが、それには、親御さんが子どもとの関わり方を十分に考え、理解する必要があります。

私は常々「親御さんに自分のノウハウを提供できたらな」と思っていました。本来であれば、私はスポーツ教室の中で頑張っていればいいのですが、50年近くも子どもと接していると、多くの知見やノウハウが蓄積されてきます。私が教えている子どもは地域も限られているので、全国の子どもたちに本番力を身につけてもらうにはこのような書籍の形にするのがいいのではないかと思い、僭越ながら今回筆を執った次第です。

私が50年近くかけて培ってきた「コアラ流」の指導を家庭に取り入れていただくことで、子どもの本番力はさらに磨かれるはずです。子どもの力をもっと伸ばしたい。本番で自分の力を発揮して、希望する進路や夢に向かって歩んでほしい。

わが子の成長を見守る皆さんのお役に立つことができれば、著者としてもうれしい限りです。

家庭で磨く本番力　ここ一番に強い子を育てるための50の鉄則　目次

［第3章］「本番力」を磨けば将来の選択肢が広がる

［第1章］

「本番に強い子」と「本番に弱い子」の違いとは

ここぞという場面で力を発揮するための「本番力」とは

人生には、さまざまな「本番」が訪れます。

スポーツ選手にとってのオリンピック、政治家にとっての選挙、外科医にとっての手術などは分かりやすい本番の例といえます。そして、その本番で成果を出せるかどうかは、その人の人生を左右する一大事となり得ます。

例えばスポーツ選手の場合、もしオリンピックでメダルを獲得できれば、スポンサーや後援会などの支援体制が充実したものになり、競技に取り組む環境がよりいっそう整うことが考えられます。現役中の練習環境はもちろん、周囲に認められる実績を残すことで、引退後は監督やコーチなどの指導者となる道を選ぶことも可能となります。また、たとえその競技がマイナースポーツであったとしても、メダルを獲得すれば全国的に大きく報道されます。ニュース・新聞をきっかけに、テレビ番組への出演や講演会の依頼はもちろん、知名度が高くなることで、引退後はタレントやキャスターとして活躍するケースもあります。

つまり、オリンピックという本番で成果を残すことは、競技者としての目標を達成することだけでなく、その後の人生にも大きな影響を残すのです。

もちろん、オリンピックは限られた人だけが立つことのできる特別な本番の舞台です。しかし、規模の大小こそあれ、人生を左右する本番は誰にでも訪れます。子どもの頃のお遊戯会に始まり、受験や部活の大会・就職活動・社内会議のプレゼンテーション……あくまで一例ですが、これらは多くの人に当てはまる本番といえます。

大学受験においては、人気の大学・学部であれば倍率が5倍を超えることなどよくある話です。就職活動に至っては、倍率１００倍を超えるケースすら見られます。

わが子にそうした「本番で結果を残せる力をつけさせたい」と思う方は多いかと思います。また、自分がそうした本番で失敗した経験があるからこそ、「子どもには成功してほしい」と願う親御さんもいるはずです。

子どもの人生がより豊かなものになるよう願うからこそ「ここだけは良い結果を残したい」「ここだけは子どもにクリアしてほしい」と多くの親御さんが考えるのです。

では、本番で成功する確率を少しでも高くするためには、どうしたらいいのか。私は、その答えは、「本番で自分の能力を発揮する力」を日頃から磨いておくことだと考えています。

本番で自身の能力を発揮する力——言い換えれば本番という舞台に対しての強さを、私は「本番力」と呼んでいます。本番力というのは造語になりますが、イメージしていただければ分かりやすいかと思います。

例えば、私の学生時代には、テストの当日になると必ず体調を崩してしまう友人がいました。彼は決して勉強が苦手だったわけではなく、むしろどんな科目でも得意としていましたが、期末テストなどの当日はいつも不機嫌な顔をしていました。テスト前は眠れなくなるとも言っていて、体調が整わずもっている力を十分発揮できなかったことを記憶しています。いくら勉強ができても、そのような体調ではテストどころではありません。テストが返却される際、うなだれる彼の姿から、自分が思うような良い結果を残せなかったのだと察することもありました。

また、スポーツに関しても同じようなことがいえます。

自分自身が選手だった頃のことを思い返しても、今の指導者の立場から見ても、スポーツでは「練習でできたことを本番でも同じようにできる人」と、「練習でできたことが本番になるとできなくなる人」がいます。後者の人は、例えば野球部のピッチャーなら「練習では簡単にストライクが入るのに、試合になるとボールを連発してしまう」、陸上選手であれば「記録会になると練習のときのタイムが出せない」といったようなケースがあります。

年始にテレビ中継で高校サッカーの選手権大会を見る人なら、PK戦でもつれ込んだ場面で豪快にボールをふかす（ゴールのはるか上に飛ばしてしまう）選手の姿を思い出すことができると思います。普通に考えて、全国大会まで勝ち進んでいる選手であれば、PKのような近い距離からゴールを奪うことは難しくないはずです。少なくとも、ゴールの枠内に蹴り込むぐらいは簡単に決められそうです。しかし、いざ本番の場面になると、ゴールの枠内に蹴り込むことすら難しくなってしまうのです。

今紹介したテストやPKの話は、基本的な能力が高いだけでは本番で成功できない典型例といえます。緊張・周囲からのプレッシャー……原因はさまざまに考えられますが、本番になると、練習どおりには力を発揮しにくいものなのです。

本番で成功する確率を高めるためには、基礎的な能力を培うことはもちろん、それと併せて「本番力」を磨いておくことが重要です。それによって、結果が求められる本番で自分のもつ力を発揮することができます。

結果だけ見てしまえば本番の多くは負けたり、失敗したりするものです。しかし、仮に失敗したとしても、自分の力を出し切ったうえで失敗するのと、力を出し切れず失敗するのとでは、意味が大きく変わってきます。

私自身、これまでの人生で多くの失敗を経験してきましたが、力を出し切れたものについては「まあ、やるだけやったし仕方ないか」と思っています。それがその時点での実力だと割り切り、次の本番に向かって改めて前を向いてきました。

一方で、力を出し切れなかった場合、その失敗は精神的に尾を引くケースが多くありました。普段はもっとうまくできている、という自覚がある分、やりきれない思いが強く残るのです。

そうした後悔を残さないために、また少しでも「ここぞ」という場面で成功する確率を高めるためには、「本番力」を磨くことが必要だと考えています。

「本番力」はスポーツで磨かれる

いつもの練習どおりに本番でもしっかりできる子がいます。

練習ではうまくできていたのに、本番では実力を発揮せずに終わってしまう子もいます。

スポーツ教室を運営する私は、どちらの子どももたくさん見てきました。多くの子どもは、最初は後者に含まれます。いきなり本番で結果を出せる子はなかなかいません。たくさんの人に見られて緊張してしまう、想定外のことが起きて動揺してしまう、試合の当日に体調を崩してしまうなど理由はさまざまですが、親としては、せっかくなら本番に強い子どもに育てたいと願い、あれこれ手を尽くしていることかと思います。

そんな教育熱心な親御さんにこそ伝えたいことがあります。それは「スポーツの経験を積めば、本番力は着実に身につく」ということです。

というのも、本番力を身につけるためには、本番の舞台（またはそれに近い状況）に慣れてしまうのが近道だからです。そして、スポーツにはそういった本番に慣れる機会が多く存在します。

例えば少年野球では、子どもたちは1～2カ月に一度開催されるトーナメント方式の大会を勝ち進めるよう、平日のチーム練習や週末の練習試合に取り組みます。この場合、本番には大会が当てはまりますが、チーム練習や練習試合の環境が本番とかけ離れているかというと、そうではありません。チームを代表して本番の舞台に立つ（大会に出場する）ためには、練習試合で活躍し、大会メンバーに選ばれなくてはなりません。

また同じように、練習試合に出場するためには、日々のチーム練習で監督・コーチに認められる必要があります。よほど実力が飛びぬけていてレギュラーが確約されている子を除き、多くの子どもたちにとっては、練習も練習試合も「結果を出したい」という意味では等しく本番といえるのです。

つまり、数カ月に一度の大会だけでなく、平日の練習や週末の練習試合に取り組むことでも、本番力が身につくことになります。

逆に、日頃からスポーツに取り組んでいて、それでも本番で練習どおりの力が発揮できない子は、日々の練習や練習試合を「本番につながる舞台」だと理解できていないことが考えられます。これは意識・認識の問題なので、周囲の大人が練習・練習試合のもつ意味合いをきちんと説明すれば、子どもはそうした日々の活動から本番に慣れることができるのです。

スポーツによるメリットはほかにもあります。自分が思ったような成果が出ない、やり方は間違っていないのにうまくいかないなどの壁にぶつかったとき、それを突破するヒントを与えてくれる仲間や指導者が身近にいることです。同じスポーツで同じような道を歩いてきた彼らは、同じような失敗をしながらも、たくさんの本番を乗り越えてきた先輩です。技術面だけでなく、心の持ち方についても自らの経験に基づいてアドバイスができるので、子どもたちは成功や達成を積み重ねながら、本番に自信をもって臨めるようになるのです。

子どもはスポンジのようなもので、その吸収力は大人の想像をはるかに超えていきます。もちろん成長スピードに個々の違いはありますが、知識・技術は伝えれば伝えるだけ、面白いほど伸びていきます。その成長に比例するように、本番力もさらに高めることができるのです。

家での過ごし方を見直すことで「本番力」はさらに高まる

スポーツであれば、子どもはちょっとしたコツをつかんだ瞬間、驚くべき進歩を遂げることがあります。今までできなかったことでも、それが嘘だったかのようにスイスイとやってのけてしまうのです。5メートルしか泳げなかった子どもでも、呼吸のタイミングが分かっただけで瞬く間に長い距離が泳げるようになった。自転車で前に進むのもままならなかった子どもが、短時間でふらつくことなく、むしろ楽しんで乗れるようになった。そんな光景を目の当たりにしたことがある方も多いかと思います。

子どもの成長は無限ですから、それこそ新芽のようにぐんぐん伸びていきます。その成長に目を細めつつ、この伸び盛りの時期に親としてさらに何をしてあげればいいか、思い悩む方も多くいます。

実際、お子さんがスポーツ教室に通っている親御さんにも同じような質問を受けることがあります。より上のレベルを目指すためには、子どもを設備の整った強豪校に進学させたほうがいいのか、それとも実績のある指導者のいるクラブに通わせたほうがいいのか、などです。私は、そういった質問に対しては「実際の練習の様子を見学してから決めるべき」「遠い学校やクラブだと移動で疲れてしまい、かえって非効率」などのアドバイスをしています。そして、それらに加えて家での生活を見直してみることをすすめています。

　これまで私が子どもたちを指導してきて感じるのは、子どもが本番力を磨くためには、学校やスポーツクラブ、塾よりも、家庭での過ごし方が非常に重要だということです。日常のことなので見過ごされがちですが、生活のなかにある些細な出来事に対して、子どもから自発的に取り組む習慣をつけることが、実は本番力にもつながるのです。

　本番力をつけるためには「自分に対する自信」をもつことが重要です。どんなに緊張し、プレッシャーがかかる状況でも、自分に対する確固とした自信さえあれば、動揺して失敗したりせず、いつもの力を発揮することができます。だからこそ、日常の些細な出来事で成功体験を積ませて自信をつけさせていくことが重要です。

　しかし親御さんが気をつけなければならないのはこの「自信」も、人格形成ができていなければ意味がないということです。よく、褒めて育てることが重要だといわれますが、「褒める」ことと「何でも許容する」ことは異なります。昨今の親御さんのなかには、わが子が善悪の判断がつかないうちから、いけないことをしても注意せず、すべてを「許容」してしまう方がいます。そうして未熟なままの人格の上に「自信」が形成されてしまうと、それは「傲慢」や「過信」につながります。そうなってしまえば、その子は努力や注意を怠ってしまいます。そして、たとえ結果が出せなくてもその経験を振り返り、活かすのではなく、人のせいや環境のせいという他責に転化し、失敗を認めないため結局能力は磨かれず、発揮できないままになってしまいます。人格に問題があれば、自信は驕りへと増長し、本番で力を発揮することが難しくなるのは火を見るより明らかです。

子どもの習い事に熱心な親御さんほど、子どもの将来を思うあまり、能力的な部分を伸ばすことだけに目を奪われがちです。そのため、練習時間を増やすことに意識が向き、家で過ごす時間のことは二の次になってしまいます。その気持ちは十分に理解できますし、スポーツ指導者として期待に応えたい思いもありますが、家庭こそが最も長い時間を過ごす場所であり、最も影響を受けやすい環境であることを改めて意識してほしいのです。

「子育てに正解はない」といわれますが、家での過ごし方を見直し、生活習慣・人格形成の基礎を培うことは、人としての成長とともに本番力の向上にもつながります。大事なのは、家での子どもの様子に目を配り、コミュニケーションを大切にすることです。このように親自身が認識を変えるだけで、子どもは将来、大事な場面で、自分の力を最大限に発揮できるようになります。

これまで半世紀近く子どもを指導してきた経験をもとに、本番に強い子どもを育てる「鉄則」を私なりにまとめてみました。その内容について親子で話し合い、時にはアレンジしながら、生活に取り入れてみることをおすすめします。

［第2章］

スポーツ科学者が教える「本番に強い子」を育てる50の鉄則

1・着替えはパンツから穿く

突然、何を言い出すのかと思った人もいるかもしれません。「着替えはパンツから穿く」なんて、当たり前だろう、という方が大半だと思います。

しかし水泳教室が終わったあとの更衣室では、子どもたちはみんな、順番なんてお構いなしに手に取ったものから身につけていきます。上から着替えて、下は何も穿いていない状態の子どもは少なくありません。「パンツから穿く」が当たり前ではないのです。

着替えの順番に決まりがあるわけではありません。最終的に上から下まで間違いなく着替えていれば、子どもの自由にさせてみればいいじゃないかという考えもあります。しかし、「本番に強い子」に育てるのであれば、普段やっていること、いわばルーティーンにこそこだわるべきです。本番中、普段どおりでいられるかどうかは、いかに「普段どおり」の練習を積み重ねてきたかどうかにかかっているからです。

大人なら、まずパンツから穿きます。これが当たり前だという感覚は知らず知らず身につけていることが多いのですが、物事には順序があり、それなりの合理性もあるということとを大人が教えるのが大切です。

「パンツから穿いたほうがいいよ」

「どうして？」

　子どもはそう返してくるはずです。

「それが普通だからでしょ」だけでは子どもは納得しません。どうしてパンツから穿くのか、ちゃんと理由を付けて説明することが大切です。

「今、突然地震が起こったらどうする？　パンツを穿かないまま逃げる？　パンツを穿いている途中だったら逃げ遅れるかもしれないよ」

「パンツを穿いていないときに突然、お友達が遊びに来たらどうする？　そのままの格好では出られないよね？　パンツを穿くまでにお友達を待たせることになっちゃうよ」

　これと同じ説明でなくても結構です。なぜパンツから穿くのか、自分にとっての合理的な理由があれば、それを教えてみてください。

　ここで大事なのは、「子どもに考えさせること」です。

「言われてみると確かにそうだな。パンツを先に穿いていれば、いざというときにすぐに動けるな」

このように、人の行動には理由があります。慣習としてただ従わせても意味はありません。「理由」を見つけた子は、同じ行動をするのでも、その意味を考えより良い結果を残すための工夫を始めます。そして行動の質を高めていくことができるようになります。

2・服のたたみ方を教える

着替えは早くできればいいというものではありません。新しいものに着替えるということは、それまで着ていた服を脱ぐ行為も含まれます。脱いだシャツは椅子やソファにかけっぱなし、脱いだズボンは床に置きっぱなしではいけません。

幼稚園や保育園、スポーツ教室などでは、服を着替える場面が必ずあります。そのつど「しっかりたたみなさい」と声を掛ける先生やコーチもいますが、いつもそんな余裕があるとは限りません。脱いだものをグチャグチャのままカバンやロッカーに詰め込んで服がしわくちゃになったり、その辺に脱ぎ捨ててほかの子の持ち物と交ざったりすることもあります。

こうならないように、家庭でも「服を脱いだらたたむ」「その日にもう着ないのであれば洗濯カゴに入れておく」ということをしっかり教えておく必要があります。

服のたたみ方は、人それぞれのやり方があります。細かいことにこだわる必要はありません。最初は親御さんが手本を見せて、あとは子どものやり方に任せましょう。

大事なのは、たたむ行為そのものではありません。洗濯物をたたむという一通りの流れを実際に行い、「習慣を学ぶ過程」を体験することです。

服をたたむという行為のなかには、さまざまな要素が含まれています。

たたみ方を教えてもらう。実際に自分でたたんでみる。うまくたためたかどうかをチェックする。たたみ方が分からなくなったらまた聞く。もっと早くたためる方法、きれいにたためる方法を自分で考える。

この一連の流れは勉強や習い事と同じです。「服をたたむ」という簡単な作業ですが、子どもに繰り返しさせることで「習慣を学ぶ過程」を自然に覚えるというわけです。

服をきれいにたたんでいれば、またその服に着替えるのもスムーズですし、何より気持ちがいいはずです。逆にたたんでいないと、しわくちゃな服をまた着ないといけません。

服をたたまない子は、たいてい服をしまう場所も決めていないので、「どこに置いたっけ？」と分からなくなってしまうこともあります。

服をたたむことは次の行動の準備にもなります。これは本番に強い子の共通点でもあります。まずは洗濯物をたたむお手伝いから始めさせてみましょう。

3・順番を守らせる

社会にはさまざまなルールがあります。基本的なものほど「こういうときは、こういうふうにするんだよ」と、幼児期から学ばせておきましょう。あとになればなるほど、身につくのに時間がかかってしまいます。

基本的な社会のルールの一つに「順番を守る」ことがあります。公園などで遊具を使う順番を守らせるために「じゅんばんこだよ」と子どもに言い聞かせる親御さんも多いと思います。

「それが本番力とどう関わるのか」

と思われるかもしれませんが、実は大いに関係があります。

順番を守れないのは、それだけまわりが見えていない、見る余裕もないということです。まわりが見えていないと、自分が今どう動けばいい結果につながるか、まわりに貢献できるかを考えることができません。余裕がないので、焦って行動して、裏目に出てしまうこともあります。

一流のサッカー選手は、常にまわりの選手の動きを見ています。一流のオーケストラ奏者は、まわりの音を聞きながら演奏しています。マラソンのような個人競技でも、選手はライバルたちの動きを常に見ながら、誰に付いていくか、いつスパートをかけるかといった駆け引きをしています。人前で話す仕事をしている人も、その日の客層やそのときの反応を見ながら、話題を変えたりしています。

子どもたちの学校生活においても、まわりが見えているかどうかはとても大切です。まわりが見えていれば、友達が困っているときに助けることができます。自分が困っているときに、誰に助けてもらえばいいのかが分かります。心に余裕があるからです。

順番を守ることができないうちは、まわりが見えていないので、ほかの子に嫌な思いをさせてしまうかもしれません。場合によっては、怪我をさせることも考えられます。思いがけない事故やトラブルを未然に防ぐためにも、幼稚園や保育園に入る前から「順番を守る」ことを教え、行動できるようにしておきましょう。

4・親が順番を守る

「順番を守りなさい」

と言っても、なかなか守れない子もいます。小さな子どもにとってはまだまだ自分が世界の中心です。「自分が楽しければいい」という気持ちが勝るのは仕方のないことです。

親としては、「それが社会のルールだから」という教育上の理由があると思います。しかし子ども目線では、そんな理由では理解できません。

「どうして守らないといけないの?」

「ほかの子はどんどん抜かしていくよ」

子どもにこんなことを言われると、ちょっと困ってしまいます。順番をしっかり守っている子どもが、「自分は損をしているんじゃないか」という気持ちになってしまうかもしれません。

こういった場合には、なぜ順番を守らないといけないのか、子どもが理解できるレベルで説明する必要があります。

「順番を待てば次にゆっくりできるよ」

「みんなのものだからだよ」

いくら言っても分かってくれない場合は、親自身が自分の行動を顧みる必要があります。親が順番を守らなかった場面を、子どもがたまたま見ていたかもしれません。

子は親の鏡です。言葉遣いや仕草、振る舞いなど、最初はよく親を真似します。

電車やエレベーターは降りる人が優先です。まだ降りる人がいるのに、乗り込もうとしていないでしょうか。エスカレーターやテーマパークの行列などでも、いつの間にか順番を抜いて自分が前に出ているという人もいます。「抜かすつもりはなかったけど気づかないうちに自分が順番を追い抜いていた」といったケースも、「まわりが見えていない」という意味では同じです。

お年寄りや体の不自由な人に席を譲るのも、順番のうちです。車の運転中も、歩行者が横断歩道を渡ろうとしていたら停止する。これも順番のうちです。

親自身が余裕をもった行動をしていれば、あとは子どもが自然に社会のルールを覚えていきます。言葉でよりも行動で教えましょう。

5・一緒に公園に出かける

テレビゲームやカードゲームなどの屋内での遊びが充実していたり、感染予防として外出の機会が減ったりしたことで、最近は外で遊ぶ子どもを見かけることが少なくなりました。ボール遊びが禁止となっている公園も多く、野球やサッカーに興じる子どもたちの集団はほとんど姿を消しました。小さな子どもだけで外で遊ばせるのは危険だという、防犯面での意識の変化もあると思います。

このようなことから、子どもたちを運動面からサポートする私たちの役割も大きくなっています。「運動する機会が少ないから子どもをスポーツ教室に通わせよう」という親御さんが増えて、スポーツ教室がにぎやかになるのは、経営者としてはうれしいことです。

しかしそれだけでは、本当にお子さんのためになっているかどうかは、まだ疑問符の付くところです。もちろん運動能力の面においては、スポーツ教室の効果が期待できます。

ただ、子ども本人が、そのスポーツに興味をもっていなければ、自分の意思で取り組もうという積極性がなかなか芽生えてきません。スポーツ教室に入会させるだけでなく、本人の適性や好みを見極めることも並行させないと、せっかく時間やお金をかけても「本番力」には結び付きにくいのです。

そういった子どもの適性や好みを見つけるために、親子で一緒に公園に出かける機会を増やしてみてください。一緒に走ったり、ボール遊びをしたりと体を動かしながら、「うちの子はこういう運動が好きなんだな」ということが分かってくるはずです。

また、公園に行けば、植物があって、そこには虫や動物がいます。そういった動植物を観察する時間も大切です。要は「子どもにいろいろな経験をさせる」ということです。虫がいたら、すぐに触ってみようとする好奇心旺盛な子もいれば、自分はなるべく虫の邪魔をしないようにじっくりと観察するタイプの子もいます。そういった個々の特性も、子どもが進む道には大きな影響を与えるので、一緒にいる時間のなかでよく見ておくといいでしょう。

スポーツ教室はせいぜい週に1、2回の限られた時間しかありません。親御さんのほうが、子どもと接する時間は長いはずです。家の中でも親子の絆を深めることはできますが、外に出ればたくさんの刺激があります。そのなかで一緒に歩いて、体を動かして、子どもが興味をもったものを一緒に観察してみてください。

6・親任せでなく自分で段取りを考えさせる

何事も段取りは大切です。段取りができていないと、本番で自分の実力を発揮できません。それどころか、本番の舞台に立つことすらできなかったりします。

例えば、大学受験にもたくさんの段取りが必要です。「最初に答案用紙に名前を書く」「問題を解く順番を初めに決める」「最後の10分は確認の時間に取っておく」といったように、試験中の段取りもさることながら、試験の数日前、あるいは数カ月前から段取りは始まっています。

試験の科目や時間を調べる。出願書類を手配し、期日までに提出する。試験会場にはどうやって行くのか、何時までに到着しないといけないのかを調べる。どれだけ勉強ができても、うっかり手続きを忘れてしまえば、試験を受けることすらできません。

昼食をどうするかも考えておく必要があります。飲み物と食べ物はどこで買えるのか。試験会場の近くにコンビニがあるけれど、ほかの受験生も殺到して商品がなくなっているかもしれない。このように考えれば、「自宅（または宿泊先）の近くで買って持っていこう」といった段取りも組めます。

遠方であれば、新幹線や宿の手配も必要です。ここは親に任せてもいいところですが、早めに頼んでおかないと試験会場に近い宿の予約が埋まってしまうことも考えられます。親の協力が必要なところもありますが、高校3年生ならある程度は自分で段取りを組めるようになっておかないと、仮に合格できてもそこからが大変です。いつまでも親が段取りをしてくれるものと勘違いしてしまいます。子どもが自分で段取りができるようになるには、幼少期から少しずつ段取りのヒントを与えておくことが効果的です。

例えば、幼稚園・保育園や小学校に行くための準備は、子どもが率先して関われる作業です。教科書や体操着など持っていくものを準備する、着ていく服を用意しておく、雨が降るかもしれないから天気予報を見ておく、など、案外するべきことはたくさんあります。何を先にするのがいいか、親子で相談しながら作業すると、何度か繰り返すうちに段取りの効率も上がります。

「朝、起きてから準備していたけれど、夜に準備するほうが慌てないし、気分がいい」と自分で気づくことも増えるかもしれません。経験の積み重ねは、子どもが自分で考える力も育んでくれるのです。

7・スポーツで段取りを学ばせる

スポーツは体力づくりという意味でもプラスの効果がありますが、段取りを学ぶのにも最適です。

例えばスキーの場合、道具の準備やスキー場の選択、宿の手配、行き先までのルートと所要時間の確認など、出発前から段取りが求められます。これらの大半は親や同伴者が行ってくれるかもしれませんが、いざスキー場に着いてからは、子どもが自分で考え、行動することが多くあります。

スキーでは、上下のスキーウェア、インナー、手袋、ゴーグル、ヘルメット、スキー板など身につけるものがたくさんあります。これらをスムーズに着用するには段取りが必要です。スキーウェアを上から着るか、下から穿くか、だけでも着替えるスピードは変わりますし、手袋をつけてからスキーブーツのバックル（留め具）を締めるよりは、先にスキーブーツを履いてから手袋をつけたほうが作業もしやすく、時間も大幅に短縮できます。

また、屋外で行うスキーは行動範囲が広いため、その日のスケジュールを立てておくことも大切です。どのゲレンデに行くか、昼食は何時にするか、休憩はいつ取るか、何時に帰るか、など、親子で話し合いながら決めることで「事前に計画することの大切さ」を子どもなりに理解するようになります。また、事前の計画はその日に何をするのかが分かるので、こうしたスポーツやレジャーの際にプランを立てると、高揚感が高まり、子どもの自主性が芽生えることも期待できます。

「みんなで雪だるまを作ってみたい」

「せっかくスキー場に来たなら、ソリにも乗りたいな」

「今日はプルークボーゲン（スキーのターン技術の一つ）ができるようになりたいな」

など、気持ちも行動も前向きになるかもしれません。

段取りが身につけば、時間を有効に使えるので、練習時間も長く取ることができます。

また、試合などで事前に段取りができていれば、万全の準備をし、冷静に物事に取り組むことができます。こうした心の余裕が、成績や結果にも表れるに違いありません。

8・就学前に運動を始めておく

習い事をいつから始めるか、というのは親が最初に悩むことの一つかと思います。最近は早期教育がどんどん前倒しされ、0歳児から受け付けている教室もあります。

「うちの子も早く何かやらせなきゃ」

と思うかもしれませんが、何か特定の理由がない限り、焦る必要はないと思います。赤ちゃんの時期は、ミルクを飲んだり、人と触れ合ったり、言葉を覚えたりと、普通に生活しているだけでも多くの刺激があります。何もしていない、寝ている時間だって大切な時間です。それこそ0歳児は一日の半分以上の時間は寝ています。

親の時間だって大切です。夜泣きのたびに起こされて、自分の睡眠時間も満足に取れていないのに、「習い事にも連れて行かなきゃ」となると疲れ切ってしまいます。習い事を始めるのは、子どもがもう少し大きくなって、育児に少し余裕ができてからがいいと思います。

その一方、せっかく習い事をするのであれば、なるべく早めに始めたほうがいいという説があります。幼児期というのは体の発達が著しい時期で、この時期に始めておかないと苦手になってしまう動きや感覚もあるからです。

発達心理学の世界では、子どもの発達スピードを表した「スキャモンの発達・発育曲線」というグラフがあり、スポーツ教育においても重視されています。このグラフは、一般型、神経系型、リンパ系型、生殖器系型の４つの成長曲線を示しているのですが、このうち脳や脊髄などの機能が含まれる神経系型は、生まれた直後から爆発的に成長しています。４歳頃には成人の80％、６歳頃には成人の90％に到達します。つまり幼児期にほとんど出来上がっているということです。

この時期に、走る、投げる、持つなどの基本的な動作を経験させておかないと、特定の運動が苦手な子になる恐れがあります。とはいえ、必ずしも習い事をしないといけないというわけではありません。家の中や公園で体を動かすだけでも十分その代わりになります。

ただ、スポーツ教室に行けばプロのコーチが指導してくれるので、より効果的な運動をさせやすいといえます。

幼児期のうちに水泳教室や体操教室などに通わせておけば、基本的な動作を一通り経験できるので、のちのちほかのスポーツを始めた際にもメリットがあります。

9・団体よりも個人の習い事から始める

運動系の習い事をするか、文科系の習い事をするか。

子どもの習い事を考えるときに、まず大きくこの二通りの分け方をされると思います。その区分は間違いではないのですが、このときにもう一つの観点を取り入れることをおすすめします。

その観点とは、「団体か個人か」という区分です。

団体の習い事としては、サッカーや野球などのチームスポーツ、合唱、ダンスなどが挙げられます。また個人の習い事としては、水泳、柔道、剣道、英会話、ピアノ、習字などが挙げられます。

団体の習い事では、仲間と協力して物事を成し遂げる力が身につきます。住んでいる地域や学年が異なる子どもとコミュニケーションを取る練習にもなります。ただ、団体の習い事は、小さな子どもにはまだ早過ぎるかもしれません。チームプレーといっても、未就学児ではまだそのスポーツのルールを理解することも難しいはずです。また、そのチームのトップの子だけにいい役割が与えられて、ほかの子は何も経験できずに終わってしまうこともあります。

幼児期のうちは、まず個人の能力開発を優先すべきです。団体の習い事もメリットはありますが、あとからでも身につくことが多いので、神経系型が急速に発達している幼児期は個人の習い事から始めるのがベターです。個人の習い事は自分で主体的に考えることが求められます。自分で練習内容を考える、練習時間の分配を考えるなど、たえず自分と向き合うことで、自分の実力や強みもよく分かるようになります。

また、「本番力」の面でも、個人の習い事は自分で目標設定をしやすいのでおすすめです。陸上や水泳のように記録を競う競技は、各々で目標タイムを決めて練習に取り組むことで集中力も高まります。柔道や剣道、習字やそろばんなども何級・何段といった個人の目標を立てやすいといえます。

ちなみに、どの習い事をしても、その経験は子どもの成長の糧になるので、団体の習い事をやめてまで個人の習い事に切り替えるべきというわけではありません、個人の習い事で得られる能力は、普段の遊びのなかでも獲得できるので、意識して取り組むだけでも力がつくと思います。

10・スポーツ以外の習い事もやらせてみる

スポーツ教室を経営しているからこそ、あえて言っておきたいことがあります。それは、いくら得意だからといって、スポーツだけをしていてはいけないということです。

私の仕事は、スポーツを通じて子どもの心と体の健やかな成長に貢献することです。私のスポーツ教室に来る子どもが増える。全国の子どもたちがスポーツを好きになる。そういったことになれば、スポーツ教育に携わる者としてうれしい限りです。

スポーツで身につく能力はたくさんあります。運動能力、精神力、協調性、健康管理能力、段取り力などいろいろありますが、それだけでは補えない部分もあります。スポーツをやっていてピアノや絵画などの芸術的な感性を磨こうと思ってもうまくいきませんし、読書ほど言葉を覚えることもありません。

その一方、スポーツと算数や国語には共通点もあります。試合中の残り時間や自分の体力を計算して、これからどういう作戦でプレーをするか考えるには、算数の要素が含まれます。ルールや専門用語から漢字や英語を覚えることもあります。

逆にスポーツ以外の活動が、スポーツに活かされることもあるでしょう。音楽で培ったリズム感でボールさばきがうまくなったり、理科で覚えた原理を使ってボールを遠くに飛ばしたりといったこともあります。

それでも、やっていることが偏れば、伸びる能力も偏ってしまいます。すべてバランスよくオールラウンダーになる必要はありませんが、何か好きなこと、得意なことをやらせるにしても、土台となる基本的な能力や目標はもっておく必要があります。

一流のスポーツ選手も、いつかは引退して、自分で何か別の仕事をすることになります。評論家の仕事をするのであれば、本をたくさん読んでいろいろな言葉の表現を知っておかないといけません。会社を興すのであれば、経理やマネジメントなどの知識をもっておくことが求められます。

今、子どもをスポーツ教室に通わせている方も、余裕があればもう一つ、文化的な習い事にも挑戦させてみてください。また、習い事でなくても、自宅でいろいろなことに取り組めば、習い事と同様の効果が期待できます。絵を描く。本（絵本）を読む。歌を歌う。楽器を演奏する。パズルをする。たとえそれが得意でなくても、多様な経験はのちのちの人生で必ず役に立つときが来ます。

11・習い事のきっかけは親、決めるのは子ども

今は習い事の種類がとてもたくさんあります。昔なら読み書き・そろばんを基本に考えればよかったのですが、英会話、プログラミングなどを学ばせたいという人も増えています。スポーツでも、ダンスやボルダリングなど、種目が多様化しています。

これだけ多くの習い事があるなかで、誰が何を基準に決定すればいいのか。

私はこの問いに対しては、「きっかけは親、決めるのは子ども」を推奨しています。

多くの子どもは、自分から「この習い事をしたい」とは言いません。子どもはどんな習い事があるかの情報をもっていませんし、自分が遊ぶ時間が最優先です。いきなり何でも

したがる子どもはなかなかいないのです。

一般的に習い事のきっかけとして多いのは、親が何かをするのを見て子どもがそれを始めるパターンです。お父さんが野球をやっているのを見て野球を始めた。お母さんがダンスをしているのを見てダンスを始めた。もう少し大きくなれば、幼稚園や保育園、学校のお兄さんお姉さんを見て「自分もやってみたい」と言うかもしれません。ただそれも、屋外スポーツであれば散歩途中などで見かけることもありますが、室内で行われる習い事は子どもの目に入る機会もあまりありません。

では親がきっかけを与えた習い事を、そのままやらせてみるのがいいのでしょうか。

経験として子どものプラスになるのは間違いないので、その習い事をしばらくやらせてみるのはいいと思います。ただしそれを続けるかやめるかについては、子どもに決めさせるべきだと考えています。

「でも子どもはすぐに気が変わるから、最終的には親が決めたい」

そのような考えも当然あると思います。しかし親が何でもかんでも決めてしまうのは考えものです。近い将来、お子さんは志望校や就職先を自分で決めなくてはなりません。そのときに、自分一人で決められなくなってしまいます。あるいは「親はなんて言うかな」と、親の目を気にした選択をしてしまいます。

子どもは自分が主体となって決めることで「なんとしてもこれをやり遂げるんだ」という意識が芽生え、本番でも自分の力を発揮することができます。ですから、きっかけは親が与えるとしても、決めるのは子どもに任せるべきです。

12・親の要望を含めたいのであれば一緒に学ぶ

「うちの子にはどうしても英会話をやらせたい。子ども本人はまだ興味はないが、将来役に立つことを学ばせるのも親の責任ではないか」

親が思っている道に誘導したいのも分かりますが、そのさじ加減はなかなか難しいものです。親の「これをやらせたい」という気持ちが強くなり過ぎてしまうと、子どもにとってはそれがプレッシャーになります。

「自分はお父さんやお母さんの期待に応えられるだろうか」

と本番でも不安になり、自分の実力をうまく発揮できない原因になることも考えられます。ですから一度、なぜそれをやらせたいのか、冷静に考えてみたほうがいいと思います。学校の勉強で困らないようにするため、友達と一緒に同じ目標に向かえるようにするためなど、さまざまな理由が考えられますが、「どうしても」それでないといけないということは多くないと思います。こうしたケースを掘り下げてみると、「自分は子どものときにもっとこうしたかった」という親自身の願望を子どもに託していることも少なくないのです。

それが必ずしも悪いわけではありませんが、あくまで主体は子どもです。子どもが本当にそれを習いたいのか、好みや適性を考えなくてはいけません。

もし、どうしても親自身の願望を子どもの習い事に託すのであれば、親子で一緒に学んでみてください。ピアノであれば、自分もピアノを練習して伴奏できるようにする。水泳であれば、休日は親子でプールに行くことを習慣化する。親子で一緒に目標に向かっていくと、話す機会も自然と増えるようになります。

お金だけ出して、「あなたはこれをやりなさい」と言って放ったらかしにするのはよくありません。親の役割は、子どもにいろいろな体験をさせながら、その子の適性を一緒に探していくことです。子どもの習い事を考える際に、「うちの子どもが本当にそれをやりたいのか」といったことも考えるようにしてみてください。

親の思いと子どもの適性が一致すれば、その習い事は長く続きます。その分だけ、試合や記録会、発表会やコンクールなど、本番の機会も多くなるはずです。本番力を身につけるという意味でも、子どもに向いている習い事を見つけるべきなのです。

13・先生やコーチの善し悪しを見極める

学校の先生は、基本的に選ぶことはできません。担任の先生、科目の先生、部活の顧問の先生。大きな問題が起こらない限り、学校側が決めた先生のもとで学びます。一方、習い事の先生やコーチは習う側が選べます。

「あの先生（コーチ）から習いたい」

「先生（コーチ）と子どもの相性が合わないから別のところにまた申し込もう」

自由に選べるという利点を、親としては最大限に活かしたいところだと思います。実際、指導者が子どもの進む道に影響を与えることもあります。いい先生・コーチに出会い、

「その習い事が好きになった」という子もいれば、「もう一生やりたくない」というほど嫌いになる子もいます。

では、どういった先生・コーチがいいのか。よく聞かれることですが、一つの目安となるのは実績です。

以前、他社のスキー教室でこんなことがありました。

子どもたちを先に滑らせて、コーチがあとから付いていく。コーチからは子ども全員の姿が見えるので、一見これが正しい指導法と思われるかもしれません。しかしこれは、コーチの危機意識が足りないと言わざるを得ません。子どもたちを先に行かせるのは事故のもとです。先頭の子どもたちはどんどんスピードを上げ、ほかの子と交差したり、障害物にぶつかったりする危険が高まります。実際に、事故も起こっています。

本来であれば、コーチが先に滑らないといけません。子どもには追い越しさせないように、時折後ろを振り返りながら隊列をコントロールします。まずは子どもの安全をしっかりと考えていることが求められます。

ベテランの指導者なら当たり前にできることも、経験が浅い指導者ができていないことは多くあります。もちろん、若くてもいい指導者はいますし、古くて間違った考え方をずっと通してしまっているベテラン指導者もいます。最近はインターネットの口コミでもおおよその評価は分かりますが、情報が正確とは限りません。体験教室に行ってみて、実際に指導者と話をしながら見極めましょう。その場合、指導能力だけを見るのではなく、人として信頼できるか、子どもと相性が良さそうか、など、多様な面からその人を見ることも大事です。

14・先生に任せっぱなしにせず親が見本となる

私が手掛ける事業では、西伊豆で「海の学校」も展開しています。カヤックや魚釣り、砂アートなどのプログラムを用意して、1日体験から1～7泊の宿泊キャンプまで子どもたちにさまざまな体験をしてもらいます。

そのような実績から、臨海学校など学校行事の一部運営も、これまで数多く請け負ってきました。そういった場所で私が見ているのは、子どもたちだけではありません。むしろ最初は、先生方の動きを見ています。

例えば、生徒たちが集合時間にしっかりと整列して準備万端の状態である学校と、生徒たちがしっかりと集まらない、集まっても整列しておらずおしゃべりに夢中になっているような状態の学校があります。そのような差を生み出しているのは、普段生徒たちを指導している先生だというケースがあります。学校によって学習効果に差が出ないように、私たちのほうから先生向けに臨海学校のマニュアルを渡しています。

ここで親御さんに知っておいていただきたいのは、先生のできることや見ている範囲は限られているということです。いろいろ教えてくれているようで、実はちゃんと教えていないことが多々あります。勉強だけでなく、マナーや一般常識など、あらゆることを教えてほしいというのは過度な期待ですが、教育を学校の先生に任せっぱなしにせず、家でもしっかりと教えることが大事です。

家庭内教育は子どもの幼児期から始まっています。例えば夜寝る前は歯磨きをする、トイレに行く、自分で布団を敷く、ベッドメイクをする、翌朝着替える服を準備するなど、当たり前のことを積み重ねることで子どもはそれが習慣となり、自分自身の生活を自分でコントロールできるようになります。

15・モンスターペアレントにならない

学校などの教育機関に過大な要求をするモンスターペアレントの存在は、10年以上前からたびたび教育現場で問題になっていました。さらにSNSの普及に伴い、個人の発信力が強くなったことで、直接的な発言をしなくても学校や教師を攻撃するような「隠れモンスターペアレント」も怖い存在といえます。

しかし、スポーツ教室ではそのような攻撃的な行動を起こす方には出会いません。その教室や先生が合わないと思ったら「やめる」「別の教室に通う」という選択肢があるので、不満がある方とのトラブルがもともと少ないのかもしれません。

ただ、私たちはできる限り、親御さんの要望を聞くようにしています。費用面や設備面の問題もあるため、できることは限られますが、いつでも気軽に相談していただけるように、何かあればメールで連絡してもらうようにしています。

その際、過大な要求というわけではありませんが、話のポイントがずれているんじゃないかな、と思うことが時々あります。言葉のキャッチボールができていないという状態です。こちらが投げたボールがそもそも届いていないとか、せっかくいいボールを投げてくれたのに私たちのほうが取り損ねていた、といったこともあるので、決して親御さんが悪いというわけではありません。

私が思うのは、学校で先生とトラブルになったといった話も、このようなコミュニケーションのミスから発生しているのではないかということです。私のスポーツ教室では、こうしたトラブルが起こらないように、自分たちの方針をしっかりと説明していますし、希望があればいつでも見学できるようにしています。しかし学校については、同じ学校でも先生によって教育方針が大きく異なりますし、授業参観や学校行事以外に学校の様子を知る機会はほとんどありません。子どもや子どもの同級生の親御さんから話を聞いて推測するしかないため、親として当たり前と思う要求が、先生にとっては過大な要求になってしまっているのかもしれません。

過大な要求をすることで、先生方の精神的な負担は大きくなり、結果として教育の質が落ちることも考えられます。それでは本末転倒です。子どものためを思って訴えたことが、逆効果になってしまうこともあると肝に銘じておきましょう。

16・先生に相談する勇気を持つ

時には先生に相談することも必要です。

「過大な要求はしないほうがいい」というのは、「伝えたいことがあっても遠慮しましょう・我慢しましょう」という意味ではありません。先生と親はあくまで対等な関係ですから、萎縮する必要はまったくないのです。

例えば、学校によっては、生徒全員が遠泳に挑戦するところがあります。全員で完泳することがその学校の目標なのですが、100人中5人くらいは、泳ぐことが不得意な子どもがいます。泳ぐのが得意な子どもにしてみれば遠泳は楽しいばかりですが、不得意な子どもにしてみれば、その日が来るのが嫌で、憂鬱な気持ちで過ごす時間も増えるはずです。

無理やり練習に参加させられて、ますます泳ぐのが嫌いになっても、先生は変わらず泳ぐことを求めます。今は不得意でも、少しずつ上達して水泳の楽しさが分かってくれば、最終的には達成感が得られるはずだという、勝手な思い込みがあるからです。

こんなときは親のほうから「うちの子どもにはライフジャケットを着用させてくださ

い」と言うことも必要です。
　遠泳は簡単なチャレンジではありませんし、泳力と持久力をつけるための地道な練習も必要ですから、完泳できた子どもは大きな自信がもてるようになります。私も遠泳には、子どもを成長させる効果があると思っていますが、指導の仕方や実施方法は時代に合わせて変えていく必要があると感じています。以前ならば、こうしたときには「根性論」を振りかざすような先生もいましたが、根性があればできる、泳げないのは根性がないからだという発想自体、今の時代には合いません。

「泳げない子どもがライフジャケットを着て参加してもいいじゃないか。海難事故を未然に防ぐことにもなるし、そのこと自体が教育になる」

　と私は思います。水を怖がる子どもにつらい思いをさせてまで泳がせ、なんとか完泳できたとしても、その子どもが達成感を得られる保証はどこにもありせん。完泳しても「もう二度と海では泳ぎたくない」と思う子どももいるかもしれません。こうなると、泳ぐことを楽しむという発想からどんどん遠ざかり、水泳すらしなくなります。指導している大人は「全員を完泳させた」という満足感があるかもしれませんが、その一方で、子どもはトラウマになっている可能性さえあります。

親が何か言いたいときは、「先生、今、こう思っているのですが」と提案してくださっても結構です。親と先生の共通の思いは「子どもが健やかに成長すること」です。そのためにものを言い、活発に意見を交換することが、結局は子どものためになります。親には、先生をコントロールするマネジメントも必要なのです。

17・テストの点数だけで評価しない

子どもが学校から持ち帰ってきたテストの結果を見て、点数が良ければ親としてもうれしいものです。逆に点数が悪いと、心配になるかもしれません。

しかし、テストの点数だけで評価してしまうと、子どもの本来の力を見誤ってしまうことがあります。それだけでなく、子どもの自信ややる気を奪うことにもなりかねません。

確かに、テストの点数は最も分かりやすい評価の一つです。テストでいい点を取ることを目標にしていれば、子どもの今の勉強の習熟度・理解度などもよく分かります。ところが、100点をもらったテストを見て、褒めるつもりで「頑張ったね」と言った一言が、場合によっては子どもの不安やプレッシャーを生んでいることがあるのです。

１００点で褒められた子どもは、そのときはうれしいかもしれません。でも次のテストで95点だと、前回よりも点数が下がってしまうことになります。テストの点数を見た親から、「あれ、前回は１００点だったのにどうしたの？」と言われたりしないか心配なので、子どもは「１００点を取り続けないといけない」という余計なプレッシャーを感じてしまいます。本番に強くなるにはある程度の緊張感はプラスに作用しますが、「もし失敗したらどうしよう」というネガティブな思考につながると、本番で出せる力もどんどん弱くなってしまいます。そのような思考にならないように、普段から点数だけで評価せず、試験に向けた取り組みや勉強に向き合う姿勢など、総合的な観点から評価することが大切です。

私もスイミングスクール育成クラスでは、子どものタイムだけで評価しないようにしています。もちろん、タイムも大事な評価基準の一つですが、それはあくまでクラス分けや各自の目標設定を可視化するためのものです。本質的には、子どもがどう目標を立てるか、その目標タイムに近づくにはどんな練習が必要なのか、週にどのくらい泳げばいいのか、水泳以外にどんなトレーニングをすればいいのかと自分で考えることのほうが大事です。

学校の勉強でも同じように、目標にどう向かっていくか、親子で話し合ってみてください。「次は100点を目指そう」でもいいのですが、そのために具体的に何をするのか、よく考え、実行することが大切です。そうすれば、たとえ100点じゃなくても、「よく頑張ったね」といった言葉が自然に出てくるものです。

点数にだけフォーカスしてしまうと、子どもは点数のつく定量評価の部分だけでしか頑張れなくなってしまいます。社会人になれば、点数がつかない定性評価をされることが多くなります。長い目で見ても、目の前の点数に一喜一憂するより、点数には表れない普段の努力を見てあげてください。

18・「協調性がない」と決めつけずに見守る

学校からの通知表で、「協調性に欠けています」といった評価をもらう子もなかにはいるものです。多くの親は、これをネガティブに受け止めると思います。「協調性がない」というのは、一般的にあまりいい使われ方をしません。

しかし、協調性がないというのは、裏を返せば自分をもっていると解釈することもできます。たとえ先生がネガティブな見方をしたとしても、それは集団を管理する先生の立場からはそのように見えただけで、別の人が見ればポジティブな評価をしてくれるかもしれません。学校からの評価といっても、それは担任の先生一人の意見ですので、落ち込むほどその評価を気にすることはありません。

私の場合、スポーツ教室に通う生徒で集団行動が苦手な子どもがいても、「協調性がない」と決めつけないようにしています。本人はみんなの輪を乱そうとしているわけではなく、ものすごい集中力を発揮しているだけなのかもしれないからです。

30年以上前、私の水泳教室にそのような男子がいました。「こっちに来なさい」と言ってもなかなか行動に移さない。私に反抗しているわけではありません。耳が悪いわけでもありません。何かそこで気になったものを集中して見ているのです。

私はこの子の観察行為を止めてまで、こちらに来させる必要はないと考えました。みんなと同じペースでなくても、彼が集中しているこの時間を尊重し、見守るべきだと思ったのです。

移動中の親子に、よく見かける光景があります。先を急いでいるのに、子どもがなかなかついてこない。子どもは道路の看板を見ていたり、足元の草木や虫を見ていたりします。声を掛けても、まったく聞こえていないようなときもあります。そういったときに、子どもはボーッとしているように見えても、「これはなんていう虫なのかな、飛ぶのかな、何を食べているのかな、どんな動きをするのかな」と頭の中をフル回転させながら想像力を働かせています。

先ほどの教え子は、学校でも「協調性がない」と言われたようで、親御さんもそのことを悩んでいました。私のところにも相談に来られましたが、私は「大丈夫ですよ。一緒に見守ってあげましょう」と声を掛け、約束しました。それから時が過ぎて彼の近況を知る機会があったのですが、なんと彼は日本でトップの大学に入学し、その後は研究者の道へと進んで、大学の教授まで務めていたのです。さすがにこの事実を知ったときは、うれしさと驚きで声を上げてしまいました。もしあのとき、観察する彼を私や親が無理やり止めていたら、研究の道に進んだかどうか分かりません。研究の道を究めたのは彼の努力の賜物ですが、大人の都合で類まれな才能をつぶさなくて本当によかったと思った一例です。

19・親子でスポーツをするならキャッチボールと鉄棒

「休日に親子でスポーツをするとしたら、何がいいですか？」

とよく聞かれますが、基本的には何でもいいと思います。

サイクリングやジョギングなどは、小さな子どもだけでは危険も多いですが、親子一緒なら力を合わせて行きたいところまで行くことができます。サッカーや縄跳びなども、親御さんが手本を見せながらお子さんに教えることができます。何よりまず、親子で楽しくできることが大前提です。

そういったことを踏まえたうえで、あえて私がスポーツ科学的な観点からおすすめしたいのは、キャッチボールや鉄棒・バレー・剣道などの運動です。

それらには、共通する体の動きがあるのですが、なんだか分かりますか？

実は、どれも腕を肩より上に持っていく運動なのです。水泳でも腕で水をかくときに肩関節を使いますが、始めたばかりのときは「水に慣れる」「プールサイドに腰掛けてバタ足をする」といった基本的な練習をするので、腕はほとんど使いません。体操なども腕を肩より上に持っていく動きはありますが、常にそういった動きがあるわけではありません。

その点、キャッチボールや鉄棒などは、今日からすぐに肩関節を使った運動ができます。初心者も上級者もそれは同じ。幼児期の間に肩関節を自由に動かせるようになっておかないと、小学校高学年くらいになると肩関節の可動域が限られてしまうので、柔らかいゴムボールでキャッチボールをしたり、あるいは鉄棒で遊んだりするのがおすすめです。キャッチボールは子ども一人ではできませんし、鉄棒も近くに大人がいないと危険です。まさに親の出番だと思ってください。

ほかにも、水泳でクロールや平泳ぎができるようになったら、親子でスイミングするのもおすすめです。水泳は両肩を動かしますし、長時間の運動になります。体の成長に合わせて効果的な運動を行うことが大切です。

20・子どもと手をつながずに歩く

スポーツ教室に通う2～3歳児を見ていると、まっすぐ歩ける子、フラフラと歩く子がいます。まっすぐ歩ける子のほうが新しいことを飲み込むのが早く、運動のレベルが高い傾向にあるのですが、そもそもその差がなぜ生まれるのか、解明されていないことも多くあります。しかし、フラフラと歩く子を何人も観察していると、ある共通点に気づきました。すべてのケースに当てはまるわけではありませんが、フラフラと歩く子の多くは、お父さんやお母さんといつも手をつないで歩いているのです。

手をつないで歩くことが悪いと言っているのではありません。親子が触れ合うことは、とても大切なことです。そのことで得られる幸福感や安心感は、何にも代えがたいものです。

しかし、いつも手をつないでばかりだと、子どもがしっかりと両手を振って歩く機会が減ってしまいます。昨今の道路事情を考えれば、手をつないだほうがいいのは理解できます。歩行者専用道路を歩いていても、自転車やジョギングするランナーなど、違うスピードで通行する人が行き交っているので衝突する危険は常にあります。

そのような危険から幼児を守ることを最優先にしつつ、「ここは大丈夫そうだ」と安全が確認できる場所では、子どもの手をそっと離してみて、一人で歩かせてみてください。子どもを自由にさせると、時々立ち止まったり、予期せぬ方向に歩き出したりしますが、自分の頭で考えて動いているので、脳の発達にもいい影響が期待できます。

「歩く」という動作はすべての運動の基本となります。早期のうちにまっすぐ歩くことができるようになれば、子どもの運動能力も向上しやすいと考えられます。逆にいつまでもフラフラと歩いていると、変な癖がついてしまい、姿勢も悪くなってしまいます。なるべく早い段階で「しっかりと両手を振ってまっすぐ歩いているか」を注意して見てあげることが親の役目です。

21・目を見て話す機会を増やす

スポーツ教室で教えているのは、競技に関することばかりではありません。日常生活で身につけておくべき習慣やマナーについても、子どもたちに指導することがあります。

その一つが「人の話をしっかりと聞く」ということです。

スポーツ教室でコーチの話をきちんと聞けない子は、話を覚えていなかったり、理解できていなかったりするので、なかなか上達しません。きちんと聞ける子は進度が速く、聞けない子との差はどんどん開きます。上級にいけばいくほど技術的な話は難しくなるので、話を聞けない子がどんどん伸びていくということはまずありません。

しっかり話を聞けるかどうかは、スポーツ教室の外でも大事なことです。テストでいい点を取るには、学校で先生の話をしっかり聞けないといけません。大人になってからの仕事でも、人の話をしっかり聞けないと指示が正しく理解できず、間違ったまま仕事を進めてしまいます。そうなると結果的にお客さんにまで迷惑をかけてしまいます。話を聞くということは、勉強に限らず、すべての行動の基本となります。

ところが私のスポーツ教室に通ってくる子どもたちも、最初は話を聞けない子が少なくありません。コーチのほうに顔が向いていない子どもや近くの友達にちょっかいを出す子ども、コーチと1対1で話しているかのようにすぐに言葉を返してくる子どもなど、さまざまです。

幼稚園や保育園の先生方も、苦労されているのではないかと思います。子どもたちに話を聞く姿勢を身につけさせるには、大人が「ちゃんと話を聞きなさい」と言っただけではとても足りません。こちらから「こうしなさい」だけでなく、自然に話を聞くように誘導することが大切です。

私がそのためにやっていることは、「子どもの目を見て話す」ということです。1対1で話すときも、大人数に対して話すときも、必ず子どもの目を見ています。そうすると、子どもは「この人は自分に向かって話をしている」と思って、こちらの話を必死に聞こうとします。

子どもと週に1、2回しか会わない私たちだけでは、それを習慣づけるのは難しいと思います。ですから、毎日顔を合わせる親子の間では「目を見て話す」ということを約束し、ぜひ実践してみてください。最近は「子どもと会話はするけれども、スマートフォンを片手に話している」という話も聞きますが、せっかくの親子の時間にコミュニケーションを取れないのはもったいないと思います。それだと子どもは、自分と向き合って話をしているという感覚をもてません。子どもの習慣づけのためですから、子どもと話すときはスマートフォンを置くように親自身の習慣も見直すことが必要です。

22・子どもの発言の原点を探る

「子どもがなぜこんなことを言うのか分からない」

特に幼稚園や保育園に通う幼児の子育て中には、そんなことがたびたびあると思います。「どうしてそんなに嫌がるの？」と理由を聞いても答えない。言いたくないのか、表現する言葉が見つからないのかも分からないようです。

こうしたとき、しばらく放置して様子を見たり、親の経験則で「きっとこうなんだろう」と決めつけたりするかもしれません。それで子どもの本音が分かればいいのですが、おそらく多くの場合、本音を引き出すことはできません。

習い事をさせているときも、子どもは突然「今日は行きたくない」と言い出すことがあります。その理由を尋ねると「女の先生がいい」と言います。この場合、なぜ女の先生がいいのか、男の先生だと嫌なのかを探らないといけません。「女の先生のクラスに変更してもらう」といった小手先の対策だけでは、根本的な解決にはなりません。今後、男女関係なく、多くの先生から学ぶことになるので、そのつど「女の先生がいい」といった個人的な要望は通用しないのです。

こういったときにはまず、幼児の発言の原点に戻ることが大切です。「女の先生がいい」という発言には、必ず原点があります。いつもママと一緒にいて、パパと遊んだ経験が少ないせいかもしれません。逆にパパとよく遊んでいるから、女の先生にママ代わりになってもらいたいのかもしれません。個々によってその原点は異なるので決まった答えはありませんが、子どもの発言の意図を理解するために原点を探るということが大切です。

この場合、川の源流を探すのと同じで、「たぶんあの辺りだろう」と決めつけて行くのではなく、しっかりと川をたどっていくことで、子どもの考えにたどり着く確率は高まります。

「人前で歌ったり踊ったりするのが嫌だ」という場合も、「きっと上手にできないからだろうな」と決めつけるのではなく、「嫌になる原因がどこかにあったかな？」「小さかった頃に、お遊戯会で撮影したダンス動画をみんなで鑑賞したけど、本人はあまりいい顔をしていなかったな」といったように、原点を探していくべきです。親からすればかわいい動画だからと繰り返し見ていても、子どもからすれば「もう見たくない、やめてほしい」ということもあります。

原点が分かれば、そこから反省点や解決策を考えることができます。原点が分からないままだと、子どもとのすれ違いがさらに増える可能性もあります。大人の経験則から推察するのではなく、子どもの心とじっくり向き合うことが大切です。

23・子どもとじっくり話すときは、背後に注意

子どもと向き合って話すときには、「目を見て話す」以外にも気をつけてもらいたいことがあります。それは、話すときの「向き」です。

例えば私がプールサイドで子どもと話をするときは、自分の背後に気をつけるようにしています。次の2つのうち、どのようにしていると思いますか？

（A）プールを背後にして子どもと話す（子どもからはプールが見える）

（B）壁を背後にして子どもと話す（子どもからは壁が見える）

答えはBです。

子どもにとって、目に映るものはどれも刺激的です。小さな子どもほど、そのような傾向があります。子どもの視界にコーチ以外の人がいたり、目を引くものがあったりすると、

子どもはどうしてもそちらが気になってしまいます。

「お、あの子かっこよく泳いでるな」

「クロールをしているあの子の腕のかき方は勉強になるな」

普段は集中して話を聞ける子でも、ついついプールに目が行ってしまいがちです。

ですから、子どもと話すときはなるべく何もない壁側を背にするようにしています。これは私だけでなく、私の教室に所属するコーチたちにも徹底してもらっています。

家でお子さんと話すときも、じっくり聞いてもらいたいときは、自分の背後に何があるか（子どもから何が見えているか）に注意してみてください。動くものや、好きなおもちゃが視界にあると、子どもはそちらに目が移ってしまいます。こうなると、子どもと向き合っていてもなかなか集中して話を聞いてくれません。

また、その空間の音にも注意しましょう。テレビや音楽が流れているようならば、一度オフにしてから話を始めてください。

繰り返しになりますが、「ちゃんと話を聞いて」だけでは限界があります。興味がどんどん移っていくのが子どもというものです。話を集中して聞けるような環境づくりを、まずは大人のほうから準備しましょう。そのひと手間だけで、子どもの聞く力は確実に高まります。子どもの主体性は大事にすべきですが、一方でしっかりとコントロールしていくことも必要です。

24・「好き」だけでなく、きちんとやらせる

スポーツ教室に通う子どもたちには「お気に入りのコーチ」がいます。優しいコーチ、面白いコーチ、かっこいいコーチなど、その好みは千差万別です。担当するコーチによって子どものやる気が変わり、習熟スピードの差となって現れることもあります。親御さんたちも「あの先生が指導してくれるとうれしい」とリクエストしてくる方がいます。

人に好みがあるのは仕方ありません。でも、だからといってこういうことがあっては困ります。

「あの先生じゃなくなったから、もう練習したくない。行きたくない」

スイミングスクールの生徒にも、そのような子どもがいました。指導したコーチととても相性が合ったようです。好きな先生がいるのはいいことなのですが、私のスクールには

オリンピックを目指すコーチや実際に出場経験のあるコーチもいます。彼らはコーチであると同時に、現役の水泳選手なので、突然「日本代表の合宿に参加するので、しばらく指導ができません」ということも起こり得るのです。

こういった事例は少ないかもしれませんが、配置換え、あるいはコーチ自身の転職などで、担当のコーチが変わることがあります。水泳が上達して上のクラスに進んだときも、初心者向けから上級者向けのコーチに変わることもあります。

好き嫌いがあるのは仕方ないにしても、決まったコーチのもとでしかできないようだと、子ども自身がこれから先、困ることになります。小学校では数年に1度、担任の先生が変わります。中学、高校では教科ごとに先生が変わります。好きな部活に入っても厳しい先輩はいるし、社会人になれば上司もいます。その上司が常にいい上司とは限りません。部下に関心をもたない上司や、逆に指導熱心な厳しい上司がいるかもしれません。

そういう意味でも、今のうちに、「コーチや先生は選べない」という現実と向き合ってもらう必要があります。

先ほどの生徒には、このように言いました。

「君はもっと速く泳げるようになりたいんじゃないの？　コーチだって今、速く泳げるように頑張っている。代表合宿から帰ってきたときに君の泳ぎが上達していたら絶対に喜ぶよ」

なぜ水泳を頑張っているのか、その根本的なことを思い出させて説得すると、子どもはまた通うようになりました。水泳が好きだから速く泳げるようになりたい、という当初の目標を思い出したのでしょう。水泳が好き、コーチが好き。「好きこそ物の上手なれ」と言いますが、目的を明確にしてきちんとやらせることも大切なのです。

25・知識の活かし方を教える

最近の子どもは知識が豊富です。その要因の一つとして、スマートフォンやタブレットなど、自分で情報を得られる機器の普及が考えられます。そうした機器を使って自分で情報を得る子どももいれば、友達から情報を得る子どももいます。さらには早期教育が進んだり、子ども向けの図鑑がブームになったりと、子どもたちが知識を増やす機会はますます増えているように思われます。

しかし今は、知識をインプットするだけでなく、得られた知識を応用する時代です。取り入れた知識をもとに、自分は何を考えたのかということをアウトプットしていかないといけません。その土台として知識をもっておく必要はありますが、それをどう活かしていくかが問われているのです。

例えば、ピアノを習って音符が読めるようになったとします。それでピアノが弾けるようになる。これは音符の知識を活かしたアウトプットの一つの形といえます。

学校の社会科で環境問題について学んできたら、それを知識として蓄えるだけでなく、「こうしたら環境問題が解決するんじゃないか」という自分の考えを発表する。その自分の考えたことを実践して、環境問題の解決のために行動する。これも同じアウトプットです。

今もっている知識をどう活かせばいいのか、その具体的な方法は学校ではなかなか教えてくれません。

では、子どもたちにその方法を教えるのは誰なのか。

私たちのような民間のスクールで教えているコーチや講師にもその役割がありますが、

いちばんいいのは一緒に生活している親御さんだと思います。何より身近な存在ですし、教える機会も時間も多くあります。自分が得た知識やスキルをどう活かすことができるのか、親子で話し合うことで理解も深まると思います。

「音符が読めるようになると、言語に関係なく世界中の人と通じ合えるよ」

「料理ができるようになってＳＮＳで発信すると、年代や国籍に関係なく、いろいろな人と交流することができるよ」

など、結果がイメージできれば、知識を得ることがさらに楽しくなります。知識の活かし方が分かれば、子どもの視野も行動範囲もどんどん広がるに違いありません。

26・教えるだけではなく考えさせる

子どもに勉強を教えることもあると思います。そのときに、答えだけ教える、解き方だけ教える、といった対応をしているかもしれませんが、それでは残念ながら子どもの成長にはつながらないと思います。答えや解き方は、学校や塾でも教えてくれるからです。

せっかく家でゆっくりと時間が取れるのですから、ここでは「考えさせる」ということに挑戦してみてください。

どうしてそういう答えになるのか。ほかの答えや解き方はないのか。

大人でも難しいことかもしれませんが、今は記憶力よりも、自分で考える力が求められる時代です。どんなにたくさんのことを覚えても、インターネットの情報量には敵いません。もちろん思考するための最低限の知識は必要ですが、どれだけの知識量があるかを問われることは少なく、むしろ膨大な情報を使って、自分がどのように問題を解決できるのか、アイデアを生み出せるのかといったことを求められるシーンが増えています。

こうした力を家庭で磨くには、子どもが一生懸命取り組んでいることに対して、親子で一緒に考える時間を設けることが肝心です。

ピアノを習っているのであれば、「なんで先生のようにいい音が出ないのかな」。

バスケットボール部で頑張っているのであれば、「どうしたらいつも同じようなシュートが打てるようになるのかな」。

野球に打ち込んでいるのであれば「どうすれば新しい球種をマスターできるようになるのかな」。

これからは教育も、自分で考える時代になることは間違いありません。スポーツ教室などは、すでにそのような傾向があります。上達する子はどんどん上級者向けのクラスに進みます。上にいけばいくほど、自分で考えて練習に取り組まないといけません。最終的にトップアスリートになれば、競技によっては自分でどのコーチをつけるか考えないといけません。人によってはコーチをつけずに、自分でトレーニングのメニューを考える人もいます。

それは仕事でも同じだと思います。新人の頃は、先輩や上司が近くにいて仕事の進め方を丁寧に教えてくれますが、いずれ一人で仕事ができるようにならないといけません。上の立場になればなるほど、教えてくれる人は少なくなります。自分で考えないといけないというのは、トップアスリートも社会人も同じです。自分から行動できる人間になるためにも、自分で考える基礎は幼児期から培っておく必要があります。

27・今の子どもの感性を大事にする

子どもとお絵かきやブロック遊び、ごっこ遊びをしながら、「よくこんなこと思いつくなぁ」と驚いた経験は親なら誰しもあると思います。

固定観念に縛られず自由な発想ができる子どもには、大人がもっていない独特の感性があります。私たち大人の役割は、その感性を否定せずに、大事に育んであげることです。

例えば、小さな子どもが「空を飛びたい」「鳥になりたい」と言ったとします。そのとき、「人間は空を飛べないよ」「鳥になるのは無理だよ」と親が否定してはいけません。そういった場合に親がまず考えるべきなのは、子どもの発言の裏にどんな気持ちがあるのかということです。このケースでは、子どもは空からの景色が見たくて「空を飛びたい」「鳥になりたい」といった思いを口にしたことも考えられます。

なので、頭ごなしに否定するのではなく、「飛行機のパイロットになれば空を飛べるよ」「ドローンをうまく操縦できれば空からの映像を見られるよ」など、子どもの想像を膨らませられるような返事をするのが理想的です。

本番に強いタイプの子は、自分で解決策を考える力をもっています。本番では道具が壊れたり、チームメイトが怪我をしたり、自分自身の体調が整わなかったりと、想定外のことが発生するケースがよくあるため、そういった事態を打破するための考える力は非常に重要な要素といえます。そして、子どもがある程度大きくなったときに考える力が身についているかどうかは、小さい頃に自由で柔軟な発想をしていたかに大きく影響されるのです。

また、子どもの自由な発想を親が否定してしまったときに生じる問題は、子どもの発想力を弱めることだけではありません。同時に、将来の可能性を狭めることにもつながるのです。

もし20年前の子どもが「プロのゲーマーになりたい」という夢を口にしたら、その親は返答に困るか、あるいは呆れてしまったことでしょう。ゲームで生計を立てるという発想や前例がないわけですから、「遊んでばかりいないで勉強しなさい」と怒ってしまったかもしれません。

しかし、たった20年経つだけで社会は変化し、今では「eスポーツプレイヤー」や「ゲーム実況配信者」など、ゲームを仕事とすることが社会的に認められつつあります。このように、常識というのは時代とともに変わっていくものです。子どもの夢や希望がその時点で現実味のないものだったとしても、いちばん近くで接する親がそれを否定してはいけません。すぐに「そうじゃないよ」と言うのではなく、子どもの感性を尊重してあげてください。

28・「これができなくてもいいよ」という気持ちで見守る

子どもに自分の力を出し切ってもらうために、覚えておいていただきたいことがあります。それは、「どれだけ頑張っても、どうしてもできないことがある」ということです。いくら子どもに無限の可能性があるといっても、できないことはできないのです。

例えば水泳で、クロールや背泳ぎは得意なのに、平泳ぎがなかなか上達しない子がいます。どれだけ長い時間をかけて練習しても、正しいキックができない。脚力は十分にあるのに、自分より年下の子にも負けてしまう。

それはその子の努力が足りないからではありません。その子の骨格が、もともと平泳ぎには向いていないという可能性もあります。そうであれば、無理に平泳ぎにこだわる必要はありません。水泳はいろいろな泳法があるので、子どもに合った泳ぎを選び、力を伸ばしていけばいいのです。

私がこのような子を指導する場合は、得意な泳ぎを伸ばすようにしています。

「平泳ぎはそのうち覚えればいいから、得意なクロールを頑張ろう」

私たちのスクールでは、平泳ぎができていないと一定以上のクラスに上がれない仕組みになっています。しかし厳格にそのルールを運用しているのではなく、あくまで目安として設定しておき、個々の子どもに合わせた柔軟なクラス分けを行っています。

学校であれば、「できないことをなくしていく」ということを重視するので、こうした対応はなかなか難しいかもしれません。学校の場合、できるまで次に進めないカリキュラムになっていることが多いと思います。

短所を克服していくことと長所を伸ばしていくことはどちらも大事ですが、短所の克服は学校に任せて、その分家庭では長所を伸ばしていったほうが、バランスがいいのではないかと思います。

さて、先ほどの平泳ぎの苦手な子どもですが、私の経験上、そのうち泳げるようになります。ほかのことに取り組んでいるうちに、それまでできなかったことができるようになることもあるからです。関節の可動域を知ったことで平泳ぎの動きもできるようになったとか、心理的なプレッシャーから解放されたといった理由が考えられます。今できないからといって、そこでずっと立ち止まるのではなく、できなくてもいいからできることをどんどん上のレベルで挑戦させることも大事です。

29・大事な能力が欠けないようにする

「できなくてもいい」と見守る話とは矛盾して聞こえるかもしれませんが、子どもを見守る際に気をつけていただきたいのは、「人生において大事なものが欠けてしまってはいけない」ということです。

　ここでいう「大事なもの」とは、運動であり、勉強でもあります。芸術的な感性や生活習慣なども含まれます。さらには友達と遊ぶこと、自分の趣味をもつこと、家族が仲良くすることなども、人生においては大事なことです。

　何かに秀でることはとてもすばらしいことですが、私はそれ以上に、「大事なものが欠けてしまうのはよくない」と思っています。これはスポーツ教室を運営するうえでも大事にしていることです。いいところはどんどん伸ばしたい。もちろん、そういう気持ちは常にありますが、もしも大事なことが欠けてしまえば、その子どもが今頑張って取り組んでいることも、将来的にそれがよかったと言えなくなってしまうかもしれません。

例えば、ピアノをものすごく頑張っているとします。しかし友達と遊ぶ時間を犠牲にしてまでとなると、友達をつくることが苦手な子どもになってしまう恐れもあります。ピアノを優先するあまり修学旅行などの学校行事に参加しないとなると、学生時代の思い出が友達より少なくなってしまうかもしれません。

野球をずっと頑張ってきたが、勉強はまったくしてこなかった。こんな子どももいつか困るときがきます。どんなに野球が得意でも、プロ野球選手になれなければ他の道を探さなくてはなりません。そのときに、せめて勉強の土台があればいいのですが、勉強の仕方も分からないというようでは、何か新しいことを学ぶのもままならないはずです。プロ野球選手になれたとしても、引退したあとも人生は続くので、また同じ問題が起こります。

「欠点をなくそう」と言っているのではありません。どんなに頑張っても、欠点は必ず残ります。大人だって、誰しも欠点はあります。子どもならなおさらです。ただ、「大事なことがまったくできない」という状況になることは絶対に避けるべきです。友達をつくるのが得意ではなくても、何人かはつくることができる。勉強が得意でなくても、テストで間違えたところを自分で復習することができる。あれもこれも器用にこなすことはできないけれど、得意なことは誰にも負けないほど集中できる。最低限のことさえできれば、それも一つの立派な武器になります。

大事なことが欠けないようにするには、子どもが小さなうちに多様な経験をさせておくことです。その環境を用意してあげるのは、子どものことをいちばん理解している親御さんの仕事です。子どもは経験を通して成功も失敗も繰り返しながら、自ら成長していくのです。

30・違う学年の子どもと遊ばせる

幼稚園や小学校では基本的に、同じ学年の子どもと一緒に活動します。勉強も運動も同じくらいの能力をもった友達と一緒に生活しながら成長していく。全体を平均的に伸ばしていくことが目的だと考えれば、この方法は理にかなっているといえます。

しかし家庭では、全体のことを考える必要はありません。自分の子どもの能力や才能をどう伸ばしていくかということだけを考えればいいのです。ここで学校と同じアプローチを選択してもあまり意味はありません。もっと伸びるはずの子を伸ばすには、学校と違うアプローチが必要です。その一つが、違う学年の子どもとも遊ぶ機会をつくることです。

昔なら、近所の公園では子どもたちが学年の枠を越えて一緒に遊んでいる光景がよく見られました。しかし今は、子どもの数そのものが減っています。小さい子どもは親と一緒に外に出かけることが多いので、違う学年の子どもと遊ぶ機会も減っているのです。

それでも、年が違う子どもと遊ぶのには、たくさんのメリットがあります。例えば、上の学年の子どもと遊ぶことで、下の学年の子どもは少し難しい遊びを経験することができます。当然、年上の子のほうができることが多いので、それを自分も真似てみたりします。また、年上の子が知らない言葉を使っていたら、その言葉を覚え、意味も教えてもらうはずです。さらに、自分が大きくなればあんなことができるのか、とイメージすることも容易になります。遊びのなかには、多くの学びや気づきがあるのです。

また、年上の子どもたちは、年下の子どもたちが思いっきり楽しんで遊べるようにさまざまな工夫を凝らします。小さな子でも同じフィールドで遊べるように新しいルールをつくる、ぶつかって怪我をさせないように気をつける、分からないことがあればすぐに教えてあげる、などです。

学年を越えた遊びは、同学年の友達との遊びとは雰囲気も方法も違うので、その差も子どもの目には面白く映るに違いありません。

もし兄弟や姉妹がいれば、そこで同じようなことは学べますが、どうしても遊ぶ相手が固定化されてしまいます。同じ年上でも１つ年上と３つ年上とでは接し方も変わってくるので、社交性や対応力を身につけるためにも、幅広い年代の友達を見つけるのが理想です。

違う学年の友達を外で見つけるのは簡単ではありませんが、例えば親戚の子ども同士、親の会社の同僚の子ども同士などで、交流の機会をつくることはできます。また、スポーツ教室などは違う学年の子ども同士をつなぐ役割を果たせます。児童館や学童保育所などでも、違う学年の子との交流が活発です。いろいろな場所を訪れてみて、お子さんに違う学年の子どもと遊ぶ機会をぜひつくってあげてください。

31・得意なことは「飛び級」でやらせる

学校教育は全体を平均的に伸ばす教育です。みんなとペースを合わせて階段を上がっていくようなもので、この方法がいい場合もあります。ただ、突出している能力がある子どもにとっては、ほかの子どものペースに合わせないといけないので物足りないと感じることがあるかもしれません。

例えば、算数の問題をみんなよりも早く理解している子は、先に進んで上の学年の教科書の内容を学べるわけではなく、みんなが理解できるのを待っていないといけません。運動に関しても同じです。どれだけ足が速くても、どれだけ力が強くても、上の学年に交ざって体育の授業を受けることはできません。

海外なら飛び級制度で上の学年に進める国もあります。しかし日本の小中学校は、どれだけ成績が優秀でも、飛び級で上の学年に進むことはなかなかできません。ヨーロッパではサッカーのエリートは国の宝として大事にされますが、日本はまだ、そこまでの扱いはありません。

幸運にも子どもに特別な才能が見つかったら、親がその子を宝として育てるしかないのです。

学校の外での習い事であれば、学年に関係なく、その子の才能にフタをせずに得意なことをどんどん伸ばすことができます。同じ学年の子と一緒に過ごす時間も大事ですが、得意なことはその才能を磨かないと上は目指せません。将棋の藤井聡太さんも小さい頃から活躍されていますが、同じ学年の友達と将棋をやって強くなったのではなく、もともとの才能に加えていろいろな世代の大人たちと一緒に将棋をやっていたから、今の強さが身についたのだと思います。

学校とスポーツ教室や文化的な習い事の、どちらが優れているということではありません。それぞれに特徴があるのです。学校は平均値を上げるのが得意です。スポーツ教室や習い事は、個別のスキルを高めることが得意です。それぞれ役割が違うのだということを分かったうえで使い分けることが大事です。学校に自分の子どもだけ特別扱いを求めることは難しいですが、民間のスクールであれば、その子の能力によっては対応してくれるところがあるかもしれません。

子どもにとっても、学校の外の世界を知ることは、自分の視野を広げる貴重な経験になります。外の習い事でほかの学校の様子を知ったり、自分と同じ高いレベルの子どもと競い合ったりして、井の中の蛙になることなく、広い世界で自分を磨くことができるのです。得意なことで突出したければ、学校外での活動をどんどん増やすべきです。

32・「うちの子はできるのに」と思い込まない

「うちの子の実力を考えると、もっとできるはずなんですが……」

親御さんからの相談を受けているときに、そうした言葉をたびたび耳にします。うちの子はできるはずだと思う気持ちは分かります。子どもを信じるからこそ、親はもっと飛躍してほしいと願ってしまうものです。

ただ、「うちの子はできるのに」というのは、多くの場合は親の思い込みです。

「先生、どうしてうちの子、なかなか上達しないんでしょうか。もっとできるはずなんですが」

できない子には、できない理由があります。こちらにはその理由が分かっているのですが、子どものいいところしか見ていないと、親はなかなかそれに気づきません。気づいていたとしても、それを見たくない、認めたくないという親の気持ちも理解できます。

　例えば、センスがいい、頭もいい、運動能力も高いのになかなか習い事が上達しない。そんな子どもは、親目線なら「どうして？　もっとできるはずなのに」と考えるところです。

　しかし指導者から見ると問題が明らかです。

「先生の話を聞いていない」

「自分勝手に行動する」

「基本的なルールを守れない」

　その習い事ができるかどうか以前の問題で、「子どもが上達しない」ということがたびたび起こるのです。

　このような問題は、親自身はなかなか気づきにくいかもしれません。親がいる場所と、いない場所とでは子どもの様子も変わります。一緒に生活し、いつも見ている自分の子どもの姿がすべてだと思っているので、親の知らない一面をもっていることすら想像していないのです。

ですから、「うちの子はできるのに」という思い込みは捨てなければなりません。「うちの子はできる」と期待する気持ちだけならいいのですが、できないという現実から目をそらしてしまうとそこで思考も停止してしまい、原因も見つからないままになってしまいます。結果、その先には進歩も成長もありません。

もしそう思ったら、幼稚園や保育園、習い事の先生やコーチに聞いてみて、第三者視点でどう見えているか確かめてみてください。あいさつはしているか、友達と仲良く遊べているか、先生の話を聞いているか。家庭では見えない部分を把握することで、子どもの成長のきっかけが見つかるかもしれません。

33・自分の力を出し切らせる

昭和は子どもたちに「競争」をさせる時代でした。勉強も運動も結果がすべて。子どもたちは少しでも上の順位を目指さなければなりませんでした。そのためには「ビシッと叱る教育」が良しとされ、教育のためなら体罰も問題になりませんでした。

平成はその反省から、競争が緩やかになりました。いわゆる「ゆとり教育」が始まり、「叱って伸ばす」のではなく「褒めて伸ばす」という教育が広がっていきました。運動会ではみんなで手をつないで横並びでゴールするようになり、演劇発表会ではみんなが桃太郎役なんていう光景も見受けられました。話題になった「褒めちぎる自動車教習所」が生まれたのも、そんな時代背景のせいかもしれません。

では、令和はどうなるのか。

私はアスリートのインタビューから、その特徴を読み取れるのではないかと思います。彼らのインタビューには、これまで育ってきた環境や、これまで考えてきたことなどすべてが凝縮されているからです。

昭和育ちのアスリートは厳しい競争に耐えてきた人が多く、自分が結果を出せないときには「すみませんでした」と謝る光景も見られました。平成育ちのアスリートは褒められながら伸びてきた人が多く、のびのびとプレーする人が増えました。

平成後期からは、こんなインタビューをよく聞くようになりました。

「自分の力は出せたと思います」

「力を出し切ったので満足しています」

私はこれこそが、令和時代の教育になるのではないかと思います。勝ち負けや自分が楽しくできたかどうかも大切ですが、それよりも、自分の力を出せたかどうかということが重視される時代になっているということです。これまではアスリートの人たちがこだわっていたことですが、これからはすべての社会人にとって大事になろうとしています。

そして、本番で自分の力を１００％出し切るためには、正しく自分の力を評価し、自分に合った目標を自分で設定することが大事です。

「次回の記録会で自己ベストを更新する」、「バイオリンでいつもミスしていたところを弾けるようにする」といった目標を自分で設定して、それに向かって練習を積み重ねる。合間に小さな本番を重ねながら、大舞台で自分の力を出し切る術を学んでいくのです。

多くの人は勝負で勝ちたいはずですし、のびのびと楽しくやりたいものです。ただ、仮にいつもそうならなくても、本番で力を出し切ることができれば一定の満足感が得られ、まわりもそれで「よかったね」と言ってくれる風潮になるはずです。

34・失敗しながら子ども自身が進む道を探す

子どもの特権は、「何度でも失敗できる」ということです。失敗してもすぐに挽回できますし、次のチャンスもすぐにやってきます。しかし、もったいないことに、子どもに失敗を経験させたくない親が増えています。そのため、成人するまで失敗した経験が圧倒的に不足してしまい、自分の得意なこと、苦手なことが分からないまま進路を考える年齢を迎えている人も少なくありません。

失敗することで、多くの場合、子どもはつらい思いをしてしまいます。時には恥ずかしいと思うかもしれません。でもそれはあくまで一時的なことです。子どもは一つの失敗から、とても多くのことを学びます。「次はこうしてみよう」「もっとほかの方法はないかな」と考えながら、次の機会の成功に結びつけようとしますし、自分にはそれが向いていないと思えば、別のことをやり始めます。

失敗の経験が少ないと、いざ大人になって壁にぶつかったときに、どうやって工夫すればいいのかが分かりません。インターネットで検索して答えが見つかればいいのですが、そこに答えがないこともたくさんあります。特に「自分は何がしたいのか」といった自分への疑問は、外に答えを求めても見つかることはありません。小さい頃から失敗をしていれば、「自分はこれならできる」「自分はこうやったら楽しめる」「自分はこれが得意だ」といったことも分かります。

大人になってからでも失敗は経験できますが、年を取れば一回あたりの失敗のダメージも大きくなります。なぜなら、失敗したあとの選択肢が少なくなっていくからです。子どものうちは選択肢が無限にあります。「プロのサッカー選手になりたい」「パイロットになりたい」「とにかく有名になりたい」という夢をもって行動して、それがたとえ失敗に終わっても、また別の道も無限にあります。つまり何度失敗しても元に戻れるということです。

ぜひ、子どもにたくさんのことを経験させてください。「失敗して傷ついたらどうしよう」と心配になることもあるかもしれませんが、「自分の子どもが何に向いているのかを探す時間」だと考えれば前向きに捉えられるはずです。たとえ子どもが失敗しても、子ども自身は親がそばにいてくれることで立ち直ることができ、応援してくれる親のために、また一から頑張ろうと思うものです。

「水泳をさせてみたが途中で飽きてやめてしまった」

こんなことがあってもガッカリする必要はありません。プールで遊ぶのは好きなのに、速く泳ぐことにあまり興味をもたない子もいます。このような子は決して水に関わることが嫌いなのではありません。将来、ヨットやボート競技などを始めるかもしれません。

何を習わせるにしても、「うまくできるかどうか」の評価基準しかもっていないと、子どもの可能性にも気づきにくくなってしまいます。失敗を恐れる前に、チャレンジする気持ちをもつことが大事です。

35・いじめ・引きこもり対策としての「失敗」

いじめや引きこもりの問題は、親としては「ないことを願う」しかできません。ある日突然、自分の子どもがいじめの被害者になる。子どもが急に学校に行かなくなる。いったいどうすればこういったことを防げるのか、とても心配だと思います。

個々のケースによっても取るべき対応は変わるので、何が答えなのか誰にも分からないところもあります。しかし、何もしないままでは状況は悪化するだけです。いじめられたり引きこもったりしたら、子どもの才能を伸ばす機会は奪われ、本番の舞台に立つこともままなりません。「本番力」どころではない話になってしまいます。

あまり考えたくない話かもしれませんが、もしそうなったとき、親が何をすべきか考えを用意しておくことは重要です。

私は一つの答えとして、子どもに「生きる力と生き方」をもってもらうことではないかと考えます。「生きる力」という言葉は、文部科学省が２０２０年度から小学校などでスタートした新しい学習指導要領のなかで謳っているものです。しかしそれがどんな力なのかは、なかなか分かりにくいところもあります。「英語力を身につける」「ＩＣＴを活用する」といったことなども、生きる力を構成する一つだとは思いますが、あくまでテクニック的なことです。もっと根幹の部分では、何を「生きる力と生き方」と定義するか、意見が分かれるかもしれません。

これまで何万組もの親子を見てきた私の経験上、いじめに遭いやすい、引きこもりになりやすい子の親御さんには、ある共通点があります。それは、自分の子どもに対する「成功させたい」という願いが強過ぎるということです。成功させたいという思い自体は悪くないのですが、それが「失敗させなくない」という気持ちにおき換わってしまうと、子どもがチャレンジする機会を失ってしまいます。

子どもは、つまずいてもそこからまた起き上がって、軌道修正して、前よりもいい結果を出そうと努力します。つまり失敗により前進して、子どもはさまざまな生きる力と生き方を獲得しているのです。失敗を恐れてばかりいると、生きる力と生き方を獲得することができないまま大人になってしまいます。

子どものために、と思う親の気持ちは分かりますが、こうしたときは親の立場ではなく、子どもの立場で冷静に物事を見ることが大切です。もし自分が子どもだったら、チャレンジする機会を親に奪われたら親を嫌いになるかもしれません。そう考えれば、おのずと自分が取るべき行動が見えてくるはずです。

子どもが失敗を恐れないためには、親が子どもの失敗を責めないことも大事です。「どうしてうまくできなかったの？」と問い詰めるのではなく、子どもが何を頑張ったのか、その過程もしっかりと見ておきましょう。子どもの些細なつまずきこそ、親の許容力が試されていると思ってください。

36・夏休みの宿題を計画的にコツコツやらせる

夏休みの最終日に宿題を一気にやったことのある人も多いはずです。そういった方はもしかすると、自分の能力を本番の舞台で活かせないことが多かったかもしれません。「火事場の馬鹿力」で宿題を一気に片付ける能力が時には必要なこともありますが、本番力を身につけるという意味では、計画的に宿題をこなしていったほうが近道かもしれません。

オリンピックに出場するようなトップアスリートは、本番力に優れた人たちです。彼らは小さい頃から本番の連続で、常に勝ってきました。オリンピックに出場するまでにも、予選からずっと本番が続きます。

そのなかでは、紙一重の差で勝敗が決まるドラマも起こります。勝者と敗者の選手の実力はほとんど同じ場合もありますが、ここで勝ち上がる選手の多くは本番力をもっています。

もちろん、そのときの運もあるかもしれません。傍から見ていると、「こんなちょっとの差くらい、またやれば結果は変わるんじゃないか」という印象を抱くことがあるかもしれません。しかしそのわずかな差に、「分厚い壁」を感じている選手もいるのです。

私のまわりにも、多くの水泳選手がいます。そのなかにはオリンピックに出場できた人、十分な実力がありながら出場できなかった人がいます。かつては実力が拮抗するライバルでもあったのに、どこかで差がついて、「もう敵わない」というほどの差がついてしまったということもあります。

どこで差がついたのか。私はあるとき、両者の違いは小さな習慣にあるのだと気づきました。

オリンピックに出場した選手は、毎日泳ぐたびに目的意識をもって、コツコツと練習をしていました。自分で目標タイムを設定し、一人でも記録を計っていました。タイムが伸び悩めば、原因は何かと泳ぐフォームの確認も怠りませんでした。これがただやみくもに泳いでいるのであれば、記録を伸ばすためのコツにも気づくことはなかったはずです。水泳に熱中するあまり、犠牲にしたこともたくさんあったと思います。ほかの選手が息抜きしているときも、自分のペースを決して崩しませんでした。

この小さな習慣の差が、のちのち大きな差となって現れます。夏休みの宿題は、長期的に多くの課題をクリアしていくための訓練としては、格好の素材です。どのようにそれをこなすかということに、親自身も関心をもっておくべきです。

子どもは何も言われなければ、遊べるだけ遊んで、終盤に一気にやろうとします。それで痛い目に合うのも「失敗」という経験にはなりますが、そのときは反省として、いかに日々の積み重ねが大事であるのか、子ども自身に気づいてもらうことが大事です。

37・緊張対策として何度もシミュレーションをさせる

本番で緊張してしまうと、普段どおりの力を発揮できずに終わってしまい、本人にとっても不本意な結果となってしまいます。

しかし残念ながら、子どもを緊張させない明確な方法はありません。人間誰しも、少なからず緊張します。大人でも緊張感をコントロールするのは難しいのに、子どもにそれをやらせようというのは無理があります。「緊張するなよ」と言われて、余計に緊張してしまったという経験をした方も少なからずいるはずです。

ただ、緊張は悪い作用ばかりではありません。ほどよい緊張感が、本番で良い結果をもたらすこともあります。注意したいのは「過度な緊張」です。これを少しでもやわらげるための対策を考えておくことが重要です。

オリンピックに出場している選手も、過度な緊張に襲われることがあります。私が直接話を聞いたある水泳選手は、本番の数日前から吐き気がするほどに緊張して、とてもそのまま競技に臨める状態ではなかったといいます。それでも本番の時間は刻一刻と迫ります。その選手はオリンピックという大舞台で、緊張をどう克服したのか。

答えは、シミュレーションの繰り返しです。当日のウォーミングアップや、選手入場、選手紹介、そしてスタート、飛び込んでからゴールに着くまで。本番当日まで頭の中で200回ほど繰り返したといいます。すべてがスムーズに進むパターンや、途中で何かしらのハプニングが起こるパターンまで、いろいろなパターンを想定したに違いありません。

本番に強い人は、事前にさまざまな想定をして、それに対して準備をしています。例えば、授業で発表している最中にモニターなどの機材に不調があった際に、どうするか。代わりの機材をもう一台用意しておく、紙の資料を用意しておく、バックアップしてくれる生徒を一人用意しておくなど、いろいろ考えられるはずです。このような準備があれば、思いがけずトラブルが起きたときも、落ち着いて発表ができます。「これだけ準備しているのだから大丈夫だ」という安心感が、緊張感をやわらげてくれるのです。

小さい子どもにも、想像力はあります。「本番でこういうことがあったらどうするか」といったことを考えてもらい、何度も本番をシミュレーションさせましょう。準備を整えておくことで、本番で本来の力を発揮しやすくなります。

38・勉強と運動、静と動のバランスを考える

人間は、静と動のバランスを取りながら生きています。ずっと静のままでは何も物事は始まりませんし、ずっと動のままでは疲れ果ててしまいます。

一流のアスリートも、静と動のバランスを取って、本番で最大の力を発揮しています。シーズン中に最高のパフォーマンスを発揮できるのは、シーズンオフにしっかりと休息を取っているからです。一流のビジネスパーソンも、一週間バリバリと働くために、休日は日頃の運動不足の解消も兼ねてレジャーやスポーツをします。

子どもの家での過ごし方や習い事を選ぶ際にも、静と動のバランスを意識することが大切です。この場合は、静は勉強、動は運動です。

しかし多くの親子の様子を見ていると、力の入れ方が偏っているケースがよく見受けられます。勉強と決めたら勉強一辺倒。運動と決めたら運動一辺倒。勉強と運動を別物として考えていて、「得意なことに集中したほうが伸びるはずだ」という思い込みも強いようです。

勉強と運動は、対極に位置しながらも連動しています。勉強のためには運動が不可欠で、運動のためには勉強が不可欠です。どちらかだけでは、なかなかうまくいきません。両方やることで、本人には気づきにくい相乗効果もあるのです。

ずっと勉強ばかりしていては、そのうち脳が疲れてしまいます。勉強の合間に、適度な運動を取り入れれば、頭がすっきりとしてまた勉強に集中できるはずです。

また、運動ばかりしていては、体が疲れてしまいます。激しい運動のあとは休むことに集中したほうがいいこともありますが、通常であれば運動後の時間を勉強時間にも当てられます。勉強というのは学校の勉強とは限りません。本を読んだり、音楽を聴いたり、絵を描いたりということも、学びのうちに入ります。頭で考えることで体がリフレッシュして、また元気な状態で運動を始められるのです。

文武両道という言葉があるように、勉強と運動、どちらも両立していることが理想です。「私は勉強ができるから運動はしなくていい」「運動ができるから勉強なんかしなくても大丈夫」といったことはありません。もちろん、その子が得意なこと、習っていることによっては、どちらかに偏る傾向はあると思います。それでも、「うちの子は運動が足りないから今日は一緒に公園で運動をしよう」「運動が得意なのはいいけれど最近あまり本を読んでいないな。一緒に図書館に行こう」といったように、静と動のバランスを取る必要があります。文武両道は学校でよく使われる言葉ですが、家でもそれを基本としておきましょう。

39・次に何をするか予想させる

よく「頭のいい子」という表現をしますよね。学校の勉強ができる子をそう呼ぶこともあれば、大人と対等な会話ができる子をそう呼ぶこともあります。

スポーツ教室でも、子どもの普段の行動や仕草を見て、「この子、頭のいい子だな」と思うことがあります。

例えば水泳教室では、毎回行う基本的な練習メニューがあります。その一つが、ビート板を使ったキックの練習です。普通の子は「じゃあ次ビート板キックやるよ」とコーチに言われてからビート板を取りに行きます。

ところが、頭のいい子の動きは少し違います。コーチから言われる前に、「次はビート板かな」と勘づいて、今のメニューを終えたタイミングでビート板を取りに行くのです。コーチが「次ビート板ね」と言ったときには、もう準備して待っている状態です。

「少しだけ早くビート板を持ってきたからといって何がすごいんだ。そんなに変わらないだろう」

と思う方もいるでしょう。しかし重要なのは早く持ってきたということではありません。次に何をするか、先読みができているということです。

先読みができる子は、日頃から集中して練習に取り組んでいるので、練習内容をきちんと把握していますし、練習の目的も理解できています。また、本番でどんなことが起こるかを事前に予想することができます。そして、そのための準備を早めにすることができます。

こうした先読みの力は、災害時などで大いに役に立ちます。台風が来たら、停電するかもしれない。断水するかもしれない。それを見越して乾電池や懐中電灯、ガスコンロ、十分な水、非常用トイレなどを準備しておく。こういったことは、台風が直撃すると分かってからでは間に合いません。日本は台風の多い国だということは分かっていることですから、台風シーズンの前から準備していればいいことです。

水泳の練習で次に何をするかという先読みは、それ自体はできなくても何の支障もありませんが、先読みする力があるかどうかは、生き抜くためには大切なことなのです。

家庭でも、子どもに先読みさせる練習をさせてみてください。家の中には練習材料がたくさんあります。

例えば食事をするとき、お母さんが料理をしている横で、子どもは食卓の準備をすることができます。ランチョンマットを敷く、お茶碗やお椀をそろえる。お箸を並べる、必要な調味料を用意するなど、一度の食事で準備するものは思いのほか多くあります。食事は毎日のことですから、最低限何が必要かは子どもにも分かるはずです。子どもにとっては先読み力がつく、お母さんにとっては準備の手間が減ると、まさにいいことずくめだと思います。

または、子どもが好きなおもちゃを使えば、子どもも乗り気になって取り組んでくれるかもしれません。子どもはよくおもちゃを出しっぱなしにします。そのままにしておくとどうなるか、親子で一緒に考えてみましょう。歩きにくい、誰かが踏みつけて壊れてしまう、部品の一部をなくしてしまうなど、たくさんのデメリットが思い浮かぶはずです。こうならないように片付けようと促すことで、おもちゃを大事にする気持ちも芽生えますし、先読みして片付ける習慣が身につくのです。

40・「自分はできる」よりも「自分はもっとやれる」

自信のもち方の一つに、「自分はできるんだ」という意識づけがあります。おそらく多くの人は、自分を奮い立たせようとするときに、こう思ったことがあるはずです。

もちろん間違いではありません。これでなんとかその場を乗り越えた成功体験をもつ人はたくさんいます。そして自分の子どもにもそれが当てはまるはずだと考え、「自分はできる」と信じさせようとすると思います。

しかし私は、この自信のもち方には限界があると考えています。

うまくいっているときであれば、この自信のもち方でもいいかもしれません。問題は壁にぶつかったときです。「自分はできる」と信じていたのに、やってみたらできなかった。そんなことが一度でもあれば、「できる」と信じていた気持ちが、「ああ、自分はここまでなんだ」という失望に変わってしまうのです。

基本的に私は、小さな子どもにはあまり「できるはずだよ」とは言いません。「この子は絶対にできる」という確信があったとしても、その日の体調や気分で、普段ならできることができないことだってあるからです。

では、どのようにして子どもに自信をもたせたらいいのか。

私は「自分はできる」よりも、「自分はもっとやれる」と信じさせることだと思います。「できる」には限界がありますが、「もっとやれる」には限界がありません。成功したときの「もっとやれる」は、これまで以上にやれるという期待感を生みます。したがってどんどん上を目指せるのです。

失敗したときも、「自分はまだもっとやれるんだ」と思えば、すぐに立ち直り、練習に取り組むようになります。簡単には折れない、しなやかさが生まれます。

時には、成長の過程で「自分はできる」という強い信念が必要なこともあります。失敗しても子どもが心のしなやかさが保てるのであれば、それでもいいと思います。子どもの様子や状況に応じて、「自分はできる」と「もっとやれる」を使い分けるのがいちばんいい方法です。ただ、いきなり両方を使いこなすのは難しいかもしれません。最初はまず、「自分はもっとやれる」の意識から自信をもたせてみてください。

41・多様性への意識をもたせる

今や都内の幼稚園や保育園では、外国人の子どもがいるのも当たり前となっています。高度成長期のように、日本で生活する外国人が珍しい時代ではありません。私のスクールにも、外国籍の子どもが習いに来ています。

多様性という言葉が世の中に浸透してだいぶ時間も経っていると思いますが、実際に多様性を認める文化になったかというと、まだまだ程遠いというのが実情です。大人になってから多様性といわれても、意識のもち方をどのように変えればいいのか分からず、流れに追いつけていない人が多いのだと思います。

しかし今の子どもたちは、より多様性の広がった文化のなかで生活していくことになります。私たちの価値観を一回リセットするくらいでないと、子どもたちに多様性について教えることも困難です。

私のスクールに来ているある国の子どもは、スクールが終わってもなかなか着替えが終わりません。迎えに来ているお母さんもまったく慌てる様子がなく、日本人にはありがちな「みんなより遅れたら恥ずかしい」という概念が最初からありません。ずっとマイペースです。

「そろそろ電気が消えちゃうよ」

というところでようやく着替え終わるのですが、指導する側も、どこまで多様性を認めるか、守るべきことを守らせるかといった境界線が難しい時代になってきました。

これからの時代の子どもたちは、こうした問題一つひとつに答えを出していかないといけません。子どもたちをなるべく多様な社会のなかで過ごさせる時間も増やしていくべきだと思います。

増えたといっても、外国籍の友達がまわりにいないケースも多いと思います。その場合は、国籍や人種という多様性にこだわらなくても、年齢、性別などの面から多様性への理解を深めていきましょう。おじいちゃん、おばあちゃんと遊ぶ。赤ちゃんと遊ぶ。年上のお兄さんやお姉さんと遊ぶ。それだけでも多様な価値観に触れることができます。

また、行く場所を増やせば多様性に触れる機会も当然増えます。地域の児童館や図書館、高齢者施設、障がい者施設のイベントなど、いろいろなところに子どもを連れて行ってみてください。

42・いろいろなやり方があることを教える

多様性を知ることは、子どもには多くのメリットがあります。それは文化的な側面だけではありません。実用的なメリットもあるのです。

いろいろな人と触れ合うことで、いろいろな考え方を知ります。その中で、「いろいろなやり方がある」という事実を知ることになります。

帽子が風に飛ばされて、木の枝に引っかかったとします。子どもは手を伸ばしても、ジャンプしても届きません。しかしそこに年上の子どもや大人が寄ってくると、何か別の方法で帽子を取ってくれようとします。木に登って帽子を取ろうとする。長い棒を持ってきて帽子を取ろうとする。ボールを投げて帽子を落とそうとする。はしごを持ってきて帽子を取ろうとする。子どもを肩車に乗せて帽子を取ろうとする。いろいろな人が、自分の体格を活かしたり、持ち物を利用したりして帽子を取ろうとします。これだけの方法があれば、そのどれかで帽子は取ることができるはずです。

勉強、スポーツなどもやり方は一つではありません。

バスケットボールで確実にシュートを決めたい。どうやったら安定したシュートが打てるようになるか。いろいろなやり方を試して、まわりの人からフィードバックをしてもらいながら、また自分で考えてトライする。こうしてシュートのバリエーションが広がり、多様な攻撃が可能になるのです。

英会話のリスニング能力も伸ばしていく方法は一つではありません。ラジオを利用する、映画を見る、英会話教室に通う、英語圏の人と友達になるなど、無数にあります。

小さい子どもの場合は、遊びのなかで学べます。例えば塗り絵をするとき、縁を線でなぞってから塗るか、気にせずにどんどん塗っていくか。つみきを積み上げていくとしたら、縦にして積んでいくか、横に寝かして積んでいくか。何ごとにも「効率的な方法」はあるかもしれませんが、それが「正解」というわけではありません。子どもなりに試行錯誤して、いちばんやりやすい方法を探していけば、その過程で気づくこともたくさんあるはずです。

最近の子どもは、私たち大人が思っている以上にいろいろなやり方を試す習慣があります。昭和の子どもは、一人用のゲームや対戦型のゲームを好んでいましたが、今は多くの友達と協力して遊ぶゲームが好まれています。

こちらからあまりうるさく言わなくても、子どもはほかのやり方をすでに考えているかもしれません。「行き詰まっているな」と感じたときだけ、そっと助言してみてください。

43・天気予報を見て考えさせる

子どもが本番になると力を出し切れない背景には、「思っていたより歓声が大きくて、驚き圧倒されてしまった」「試験官の立ち振る舞いや声色に圧迫感があり、萎縮してしまった」など、予想外のことが起きて失敗してしまったというケースがあります。

こうした事態は、同じような経験を積んで慣れてしまえば防ぐことができますが、それでは初めて遭遇する状況には対応できません。今まで体験したことのない舞台で力を発揮するためには、その場の状況を思い描き「こんなことが起きるかもしれない」という「想像力」を磨いておくことが重要なのです。

例えば、大事な大会の前には「相手からヤジが飛んでくるかもしれない」「父兄だけでなく、次の試合に出場するチームの選手も見学しているかもしれない」「審判の判定が厳しいかもしれない」など、事前にさまざまな状況を想像しておくことで、実際にそうなった場合に落ち着いて対応できます。

このように、本番で起きる可能性のあることをあらかじめ想像できていれば、いざ本番を迎えたときに、動じることなく自分本来の力を発揮しやすくなるのです。

では、子どもの想像力を磨くためにはどうしたらいいのか。

私は一つのきっかけとして、「毎朝テレビで天気予報を見させて、その日どうするかを自分で考え、行動させる」という方法をおすすめしています。

「今日は暑くなりそうだから、水筒に水を多めに入れていこう」

「午後からは雨が降るかもしれない。今は晴れているけれど、念のため傘を持っていこう」

このように、天気予報を見て子ども自身の手で身支度をすることで、先の状況を想像する癖が身につきます。「雨が降るとは思わなかった」というのは、本番におき換えれば「歓声がこんなに大きいとは思わなかった」というのと同じことです。想像力を磨き、事前に心構え・準備をしておけば、そういった状況になっても困ることはありません。

また、天気予報は簡単なものであれば就学前の子どもでも理解できるため、小さい頃から想像力を磨くトレーニングを積むことができます。さらに、毎日同じ時間に放送されるため、ルーティーン化しやすいといったメリットがあるのです。

天気予報を見て準備をすると聞くだけでは、なんでもないことのように思えるかもしれませんが、積み重ねによる成果は侮れません。毎日親が準備をしている子どもと、自分で天気予報を見て準備をしている子どもとでは、のちのち大きな想像力の差が生まれるのです。

44・目標は高過ぎず低過ぎず

何かを始めるときは、最初に目標を設定すると思います。目標を立てるだけなら簡単です。しかし、「ちょうどいいところ」に目標を設定するのはなかなか難しいことで、多くの親御さんはそこまで細かくは考えていないかもしれません。

目標は高過ぎると到達することができません。子どもは達成感を得られず、今やっていることに飽きてしまいます。逆に低過ぎてもいけません。簡単にクリアできてしまうほどの低いレベルでは、能力はそこで停滞してしまいます。

ピアノを練習するのであれば、「1カ月でショパンを弾けるようにする」というのは目標が高過ぎます。逆に「ドからソまで音を出す」というのであれば、練習は1カ月も必要ありません。すぐに目標を達成してしまい、やることがなくなってしまいます。1カ月間、曲を弾かずにずっとドレミファソラシドだけを弾いていても、退屈なうえ上達スピードも上がりません。

1カ月の目標であれば、それに見合った目標設定が必要です。「1カ月ではこのくらい弾けるようになる」といった目安は、ネットや本を見ればある程度推測できます。ただ、練習時間や機材などの環境、もともとの素質、本人のやる気などは個々で異なりますし、誰にでもそれが適用できるわけではありません。

こうした目標設定が面倒だと思ったり、分からないと思った場合は、ピアノ教室に通わせて、指導にあたる先生やコーチに設定してもらうのが一番です。多くの生徒を見てきたピアノ教室の先生は、そのノウハウをもっています。

水泳の場合も同じです。スイミングスクールは、「これができたら何級」といったように基準が設定されているので、「○月までに何級に合格する」という目標を子どもに立てさせるにはピッタリです。

しかし、子どもがこれから立てていく目標のすべてに、このような見本があるわけではありません。習い事になっていないものが大半ですから、どうやって目標を立てるか、その基準が分かりづらいのです。

最初は日常のルールから決めていくのがいいと思います。「朝の支度を自分でやる」「出したおもちゃはその日のうちに片付ける」「何時までには寝る準備をする」。それができるようになってから、勉強や運動の目標を自分で設定させてみましょう。

45・自分向けに日報を書く

一緒に働くスタッフに徹底しているのは、日報を書いてもらうことです。これは私がスタッフを管理することが目的ではありません。スタッフに「常識」を身につけてもらうことが目的です。

決してスタッフに「一般常識がない」というわけではありません。もちろん彼らは、彼らの生きてきた世界で常識を学んでいます。しかし、偏っている世界であることは事実です。なぜならスポーツの世界はある意味特殊だからです。自分を追い込んでずっと勝負をしてきた彼らは強い精神力をもっていますが、例えば文章を書くのが苦手だったり、パソコンの知識がなかったりすることもあります。これらのスキルは社会生活を送っていくためには不可欠なものなので、「スポーツだけやって生きていけるわけではない」ということを感じてもらうためにも、メールで日報を送ってもらっています。

彼らの日報に目を通していると、一般常識とのギャップを感じることがよくあります。常識というのは人それぞれ異なるので、本人が常識と思っていることが、実際はそうではないこともあります。しかしそれは本人だけでは気づきにくいことなので、私が「これはこういうものだよ」と指摘することもあります。

スポーツ選手として常識破りのことをやり遂げるのであれば、時には常識にとらわれないことも必要ですが、指導者としては、「一般的な常識はどうか、自分の常識はそこからずれていないか」といった確認を細かく行う必要があります。ちょっとした一言で、子どもの方向性にも影響が出るからです。

親が子どもを見る際にも、同じようなプロセスが必要だと思います。ちょっとした一言が、子どもに大きな影響を与えます。その影響力はコーチとは比べ物にならないほど大きなものです。

そこで一つの提案ですが、親御さんにも日報を書いてみることをおすすめします。日記のようなものです。誰かに見せるものではないので、自分の思いをつづるだけで十分です。日報のいいところは、文章を書いているうちに自分の考えが整理されますし、時間が経ってから読み返すと、それを客観的に捉えることもできます。また、自分と向き合う時間ができるので、自分の長所や短所、自分の個性についてじっくり考えることができますし、より深く自分を知るいい機会になると思います。自分向けの日報なので公開する必要はありませんが、今はブログやSNSで発信し、第三者の意見を聞くこともできます。興味のある方はチャレンジしてみてください。

46・「そんなことするわけない」と思ったら何度でも聞いてあげる

幼稚園や保育園、小学校から「おたくの子が友達を泣かせてしまいました」といったような連絡を受けることがあるかもしれません。

「おかしい、うちの子がそんなことをするわけがない」

そう思いたいところです。友達を泣かせるようには育てていませんし、みんなと仲良くするにはどうすればいいかを、親としてずっと考えてきたはずです。

しかしそこから見方を変えずにいると、いつまでも「うちの子がそんなことをするわけがない」と一点張りになって話が先に進みません。子どもが今どんなことを考えているか、知る機会も失ってしまいます。

子どもも家の外で集団生活をしている以上、その世界で多くのいざこざがあります。親といる間は巻き込まれないようなトラブルに見舞われることも、日常茶飯事です。親が家の中での子どもの様子だけを見て「そんなことをするわけがない」と判断をしても、それが当たっているかどうかは怪しいところです。

そんな場合は子どもの言い分を聞いてあげましょう。

「どうしてそんなことをしたの？」

とまずは聞くと思います。しかしいきなりすべてスラスラと話し始める子どもはほとんどいません。まだ物事を順序立てて話すこともできませんし、語彙も限られます。自分が言いたいことはたくさんあるはずです。でも言いたいことをうまく表現できないので、子どもは黙り込んでしまうのです。

そんなときは、いったん時間をおきましょう。子どもの様子を見て声を掛け、子どもが話しやすそうなときに何度でも話を聞いてあげるほうが効果的です。この場合、自分の言葉で話をさせることが肝心です。それができるまでは焦ってはいけません。そのうち子どもも自分の気持ちを伝える方法が分かって、話し始めることもあります。

「ああ、そういうことがあったのね」

と概要がだんだん分かってきますが、まずは子どもの話を徹底的に聞いてあげましょう。子どもも混乱しているので、言うことが間違っていたり、記憶があいまいだったりすることもあるかもしれません。子どもが言いたいことを全部言うまで、じっくり耳を傾けてあげましょう。そのうえで状況を親が整理し、子どもと話しながら事実を探っていくことで全容が見えてくるかと思います。このとき、子どもを責めるような話や言い方は厳禁です。子どもの側に問題があったとしても、親は子どもの味方として、その解決方法を一緒に考えることが大切です。

47・親子で靴をそろえる（役割を見つけさせる）

これから親子でいろいろなところに出かけたり、遊んだりする機会が増えると思います。親子はある意味、一つのチームです。

私はこの親子チームで何かをする際には、ただ一緒に取り組むだけではもったいないと思います。一体感を高めながら取り組むと、それだけでも楽しさが増しますし、親子の絆も深まります。そして子どもは、チーム内における自分の役割を見つけようとします。

一体感を強くするためにおすすめなのが、見た目へのこだわりです。といっても、特別おしゃれをする、というわけではありません。サッカーやバスケットボールのトップリーグ、プロ野球などのファン・サポーターを見たことがあるかと思いますが、応援するチームと同じユニフォームを着て声援を送っています。これにならい、親子で同じ服、同じ靴をそろえるのがいいと思います。この場合、親が全部買い与えるのではなく、ユニフォームをそろえると決めた時点で子どもを巻き込むことがポイントです。

例えば、キャンプをするのであれば、親子で一緒にテントを買いに行くだけでも一体感が強まります。

「このテントの中、広くていいね」
「夜はみんなでどんなことしようか？」
「パパはこっち側で寝ようかな」

と会話がはずむでしょう。

キャンプ場に到着してからの準備も、子どもを中心に行うことをおすすめします。カレーを作るのであれば、小さい子どもでも野菜を洗うことくらいはできます。また、せっかくの機会なので、今までやったことのないお手伝いをお願いしてもいいでしょう。楽しいレジャーで初めてのことに挑戦するのは、子どももモチベーションが上がります。できても、できなくても、挑戦したことが大事ですし、こうして準備を進めるうちに、子どももチームのなかでの自分の役割が分かってきます。

ですから、事前に役割分担をする必要はありません。親が指図をしなくても、子どもの発想のなかから役割が次々と出てきます。

自分で役割をつくるのは、今後、子どもが学校生活や社会人生活を送るうえでとても大切な能力の一つになります。学校の授業では学べないことですし、この能力を培う習い事もほとんどないので、親子で過ごす時間のなかで身につけるようにしましょう。

役割を決めるということは、かつてはその地域のガキ大将が行っていました。しかし今は、子どもたちはみんなで仲良くやっていく時代です。役割を決める人はいません。それはつまり、自分の役割は自分で見つけていかなければならないということです。

一人で何かをすることはできますが、一人だと楽しいことをやっても限界があります。自分で役割を見つけて、まわりの友達と一緒に楽しめるようになると、世界は一気に広がります。

48・嫌な思いを経験させる

「子どもに嫌な思いをさせたくない」というのは、どの時代の親でも思うことですが、「嫌な思い」から子どもを遠ざけてばかりでは、子どもが成長する機会を奪ってしまいます。嫌な経験から、子ども自身は教訓を得ていくからです。

例えば雨の日に、「長靴を履いていきなさい」と言っても、子どもが「履きたくない」

と言って拒否することがあります。親としては、「靴下まで濡れると嫌だろうな」という思いから長靴をすすめているのですが、子どもとしては「重くて歩きにくい」「スニーカーのほうがかっこいい」といった別の理由のほうが勝っているのです。こんなときは、それ以上しつこく言う必要はありません。そのまま送り出しましょう。

道中、そして目的地に着いたあと、子どもは靴の中が濡れて嫌な思いをします。親が恐れていたことです。ただ、そこで初めて、子どもは「雨の日は長靴を履いたほうが嫌な思いをしないんだ」ということが分かります。これまでは、ただ親から言われたとおり履いていただけですが、これからは、「もうああいう嫌な思いはしたくない」と考えるに違いありません。親に言われなくても自分で長靴を選んだり、もしも濡れてしまったときのことを考えて、替えの靴下を持ち歩いたりするかもしれません。自らが経験したことを踏まえて「自分で考える」ということに大きな意味があります。

以前、スキー合宿を行った際、こんな子もいました。

「いちばんつらかったのは、トイレ」

もちろん、宿泊先にはトイレがあります。しかし合宿では、たくさんの子どもたちが一緒に生活します。出発直前は特にトイレが混みます。人数も多いので、なかなか空きません。その子にとっては、その経験が何よりつらかったようです。でも、これも大きな学びとなったはずです。こういう経験をしておけば、「出発直前は混みそうだから早めに済ませておこう」と、次からは自分で考えて先回りした行動を取ることができます。

このように、子どもは嫌なことを経験しながら、「次はこうしよう」と自分で改善案を考えて行動するようになります。トラウマになるほどの嫌な経験は別として、日常生活でちょっと不便な思い、不快な思いをするという程度のことであれば、早いうちにたくさん経験させておいたほうが子どもの成長は早まります。ストレスにも強くなるに違いありません。

嫌な経験が少ないまま大人になってしまうと、ちょっとしたストレスで潰れかねません。「嫌な思いをさせるのはかわいそう」と最初は思うかもしれませんが、これからの人生のことを考えれば、嫌な思いをあまりしていないのは、もっとかわいそうなのです。

49・第三者の目で子どもを見てもらう

昭和は競争の時代でした。それに比べれば、令和の子どもたちはあまり競争にさらされていないのではないか、と思われるかもしれませんが、実際には競争が存在しています。少子化が進んではいるものの、習い事、塾などで子どもは大忙しですし、昭和に比べて兄弟の数も多くないので、親からの期待も集中しやすくなっています。また、グローバル化が進んだことで、将来的には外国の同年代の子どもたちとも競争することがあるかもしれません。

厳然たる事実として競争は残っているのに、学校では競争の機会が昔よりも減っています。子どもたちは競争の準備ができていないうちに、いきなり競争本番にさらされているようなものです。勝ち負けにこだわり過ぎるのはよくありませんが、家庭でも勝負強さは身につけておきたいところです。

勝負強さを身につけるには、まず自分自身のことが分かっていないといけません。自分がどのくらいの力をもっているのか、どのくらい頑張れるのか、それを見極めてからでないと、勝負ではなかなか勝てません。受験生があらかじめ模試を受けたり、野球部やサッカー部が大会前に強化試合を組んだりしているのも、自分たちの実力を測り、現状の弱点を見つけて本番に備えるためです。

受験や大会などは、順位が出るので、自分を客観的に測りやすいといえます。しかし日常のなかで自分を客観視するのは簡単ではありません。大人でも難しいことです。

では、どうすればいいのか。

この場合、家庭環境によるところもありますが、兄弟や姉妹がいれば、自分と他者を比較しながら、自分は今何ができているのか、何ができていないのか、これから何ができそうなのか、といったことが、はっきりとではなくてもなんとなく分かります。「お前はいつもこうだ」と言われることもあるでしょう。一緒に過ごす身内からの遠慮のない指摘は、かなりの確率で当たっています。

一人っ子の場合は家庭のなかに比較する対象がいないので、子どももキャンプなどに参加させるといいと思います。ごはんの準備や入浴、寝る準備などをしていると、ほかの友達から「君のやり方は珍しいね」と言われて、そこで初めて、自分がまわりからどう見えているかが分かるようになります。

ほかにも、離れて暮らす祖父母やいとこ、友達の子どもに会わせるといったことも、第三者の目で子どもを見てもらう機会になります。

50・夢（行動の目標）をもたせる

子どもはたくさんの夢をもっています。しかし基本的に、自分から「○○になりたい」とは言いません。多くの子どもは聞かれてから答えます。答えてくれないこともありますが、ぜひ一度、子どもに将来の夢を聞いてみてください。言葉にすることで、親子でその夢を共有できます。それが新しいことを始めるきっかけにもなるのです。

例えば子どもが「宇宙飛行士になりたい」と言ったとします。そのとき、どんな話をすればいいでしょう。

おそらく、「どんなロケットに乗るのかな」「その頃には、人間も宇宙に住んでいるのかな」「将来はどの星まで行けるかな」「ブラックホールってどうなっているのかな」といったように、話題は未来の宇宙の話になります。まだ見たことのない世界の話は夢がふくらみますし、親子のコミュニケーションとしては最高の機会となるはずです。ただ、せっかくですから、その夢をどうすれば実現できるか、一緒に考えてみてください。

「宇宙飛行士って、何をするために宇宙に行っているのかな」

「宇宙飛行士が今やっていることは、誰の役に立つんだろうね」

　このように、宇宙飛行士という仕事が社会でどう役に立つかを話すと、その夢がより具体的な「行動の目標」におき換わります。宇宙飛行士になれたら、自分だけでなく、家族や友達、世の中の人たちも幸せにできる。そんな希望がもてるはずです。

　コツは、子ども目線のままで話し続けるのではなく、徐々に大人目線に上げていくということです。子ども目線のままだと、なかなか行動には移りません。大人目線に上げることで、自分の思い描いていた宇宙飛行士像に現実味が感じられるようになります。

　自分で考える力のある子なら、ここで自分の人生計画も立てられます。宇宙飛行士になるためにはどんな本を読んでおくといいのか。どんなスポーツをしておくといいのか。どんな言葉を勉強しておくといいのか。子どもが自分でやるべきことを考えるようになるのです。

子どもが行動の目標に向かっていくためには、親が「自分一人の力でやれ」と突き放すのではなく、一人で成し遂げるためのフォローをし続けることが大切です。普段から子どもの話を聞いて、今どんなことを考えているのか、親のほうからどんどん質問を投げてみてください。

［第3章］

「本番力」を磨けば将来の選択肢が広がる

自分の進路を自分で決められるように

「自分が将来、何をしたいのか分からない」

二十歳前後の大学生と話をしていると、このような悩みを打ち明けられることがあります。就職活動を前に、自分がどんな仕事に就けばいいのか、まだ考えることもできない。これは由々しき問題だと思います。

将来自分がどんな道に進むかということは、本来ならもっと前から考えておくべきです。日本の高校なら、文系にいくか、理系にいくかという選択を迫られます。そのときにはもう、「自分はこの道に進むんだ」ということを決めておかないといけません。早めに学部も決めておくべきですが、「分からない」という学生はこの時点ではまだ何も決まっていません。

こうなってしまったのは、自分で考えるための力が十分に養われなかったからではないかと思います。いろいろな体験をして、自分で計画を立てて、目標に向かって行動をする。それをもっと小さな頃からやっていれば、高校生の段階で「分からない」ということはなかったはずです。

自分の意思で進路を決められないと、親の言うことや、友達の評価などが基準になり、仮にどこかに就職できても「自分がやりたい仕事じゃないな」と、途中でキャリアを方向転換しないといけなくなってしまいます。決してそれが悪いというわけではありません。遠回りしながらも、自分が本当にやりたかったことを見つけて、幸せな人生を歩む人もいます。それはいい例ですが、会社を辞めたときにしっかりと自分を見つめることができていないと、また同じことの繰り返しになってしまいます。

私が子どもたちに一番に望んでいることは、自分の進路を、自分で考えて決めてもらいたいということです。

親を納得させたい、友達に認められたい、といった理由ではなく、「自分はこれをやるんだ！」と言い切れる進路を、自分で決められるようになってほしいのです。それを早く決められれば、それだけ長期的に目標が立てられます。

進む道を決めたからといって、絶対にそれを守らないといけないということもありません。経験を積むなかでの進路変更は、何も決めずにコロコロ変わるのとは違います。強い意思とともに、柔軟さをもつことも大切です。

みんなが一番になれるわけではない

本番に強くなれば、力を発揮できる場所が増え、将来の選択肢も増えます。

例えば野球をやっていたが野球選手にはなれなかった。そんな場合でも、本番力を磨いた人なら、別の選択肢から進路を選ぶことができます。

野球で培った腕力を活かしてゴルフを始める。教えるのが得意なので野球教室のコーチになる。あるいは野球とはまったく関係のない仕事をするかもしれません。それでもスケジュール管理や対人スキルなどは野球をやっていたときの能力が引き継がれるので、新しい仕事に活かせるはずです。

このようにうまく転換できればいいのですが、うまくいかないケースもあります。

「野球選手になれなかった。自分にはもう何も残されていない」

野球のように競技人口の多いスポーツだと、「プロを本気で目指した」というだけでも相当な実力者のはずです。所属するチームでは常にそこの中心選手。いちばん上手な選手だったかもしれません。

しかし、みんながみんな一番になれるわけではありません。かけっこでいつも一等賞。陸上でも全国一位。そのままオリンピック選手になった。それでも金メダルを取れるのはごくわずかな人だけです。どれだけ実力があっても、ほとんどの人は二番以下になる運命なのです。上には上がいて、さらに上には上がいて、一番だった人もいずれ負けるときが来ます。

そのときに、勝てなかった原因を探り、解決策を自分で考えられるかが大事です。「スタートに弱点がある。次の大会までに修正しておこう」「見えない疲れがあったのかもしれない。一度陸上から離れてリフレッシュしよう」

自分の限界が見えてしまう日も訪れます。引退です。

引退したアスリートも、先ほどの野球選手の夢に挫折した人と同じように、「自分にはもう何もない」と悩んでしまうことがあります。これから一番ではない人生を歩むときに必要なのは、できるだけ多くの選択肢をもっておくことです。

一番を目指すことはとてもいいことです。大勢の人が一番を目指さなければ、どんな競技も発展しません。子どもにとっても、「一番になりたい」という思いは、大きなモチベーションです。「みんなが一番になれるわけではない」とわざわざ言う必要はありませんが、一番になれなかったとき、そして子どもがやめたいと言ったとき、子ども自身が別の選択肢をもてるようにしておくのも親の役割といえます。

一番になれない子どもたちはどうすればいいのか

勉強もスポーツも一番になれない子どもがほとんどとはいえ、「クラスでは一番を狙えそう」「スクールでは一番を狙えそう」という子どもたちは、一番を目指して本気で取り組みやすいといえます。

一方で、「どうせ頑張っても一番は無理」と最初から諦めている子どももたくさんいます。「真ん中くらいの位置」という程度では、自分とトップの子の実力差は努力だけで埋まりそうにないということが子どもながらに分かるようです。

こうなると、せっかく取り組んでいる習い事なども「つまらない」と言って続かないことがあります。学校はこういった子たちにも強制してやらせることができますが、民間のスクールは強制させられません。親としても、やる気がない習い事に月謝を払いたくはないはずです。このような場合は残念ながら、退会する流れになってしまいます。

しかし、一番になれないからという理由だけで、一つの習い事をやめるのはもったいないと思います。ピアノのコンクールではいつも上手な子に負けてしまうけど、もう少し頑張れば自分の好きな曲が弾けるようになる。スキーでいつもみんなにおいていかれる。それでも最近は着替えがスムーズにできるようになって、段取りも良くなってきた。

このように、子どもの成長が明らかに見て取れるのに、順位へのこだわりだけでやめてしまうと、「もう少しやればもっといい経験ができたのに」というところで終わってしまいます。

ですので、「まわりの子に比べてどれだけできているか」といったように相対的に判断するのではなく、「うちの子はこの習い事を通じて、自分の目標に到達できそうか」といった視点でも見てあげてください。

「どんどん上を目指している子がいるのに、うちのレベルの子がいてスクールに迷惑がかからないか」

「差がどんどん開いてもっとやる気がなくなったらどうしよう」

という心配はしなくても大丈夫です。民間スクールの多くは、一番の子どものためだけに存在しているのではありません。学校には収まりきらないような子どもの才能を伸ばしつつ、一番になれない子もしっかり成長させていくということも大事な使命です。学校のような一律な指導ではなく、個々の力に合わせてプログラムを用意しています。

水泳と頭の良さに因果関係はあるのか

最近、「東大生の何割がこういう習い事をしていた」といった記事が人気になっているようです。多くの親は、子どもに少しでもいいことをしたいと考えています。進学先も、少しでもいいところに進んでもらいたいと考えるのはごく自然なことです。「いいところ」という定義は言ってしまえば、偏差値の高い大学です。そのトップに君臨する東京大学の学生たちがそれをやっていたとなれば、「うちの子にも同じ習い事をさせよう」と考えるのは自然の流れかもしれません。

東大生に人気の習い事は水泳です。その結果を知って、「水泳って頭が良くなるんですか?」と聞かれることもあります。

水泳教室を運営している私としては、悪い話ではないのですが、この結果だけで飛びつくのは「ちょっと待ってほしい」というのが正直な感想です。というのも、水泳はすべての習い事のランキングでも、一位になることの多い習い事だからです。全体で一位なのですから、東大生に限ってランキングをつくっても一位になりやすいのは当然の話です。

では実際のところどうなのか。頭が良くなるのか、あまり関係がないのか。

スポーツ科学の観点からいえば、脳にいい影響があるだろう、という推測はできます。というのも、あらゆるスポーツのなかで、水泳ほど呼吸を意識するものはないからです。

水泳は水に潜ります。人間は水の中では呼吸ができないので、クロール、平泳ぎ、バタフライでは息継ぎをします。息継ぎをするには泳ぎとタイミングを合わせないといけません。初心者にとっては、大きな壁の一つです。息継ぎができなければ、息が続くところまでしか泳げません。息継ぎができれば、その先もずっと泳げる。この差はとても大きなものです。

呼吸をするときには、脳が「吸う」「吐く」と指示を出しています。このタイミングが体の動きと合わないと、プールの水を飲んでしまいます。これがほかのスポーツと違うところです。ほかのスポーツでも呼吸を意識する瞬間はあると思いますが、水泳は体の動きとピッタリ合わせないと、たいへん苦しい思いをしてしまうのです。そうならないために、たえず脳が指示を出している。つまり頭を使っているという意味で「頭が良くなる」という効果はあるかもしれません。

ちなみに私の運営するスイミングスクールは、もともと東京の浅草周辺で始めました。全国的に有名な難関学校が近いこともあって、勉強がものすごくできる教え子もたくさんいました。水泳をしたから勉強がものすごくできたのか、水泳をしなくてももともとできた子だったのか。こういった類の話は推測の域を出ませんが、子どもたちの成長には間違いなくプラスになっていたと思います。

「平均点」で子どもにフタをしないために

学校教育と民間のスクールは、どちらも子どもを成長させる場となりますが、役割はそれぞれ異なります。学校（特に公立の小・中学校）は平均値を上げるのが得意な教育機関。一方、民間のスクールは、個別のスキルを高めることが得意です。

どちらが優れているという話ではなく、それぞれの役割が異なります。子どもの将来を考えるうえで、両者の違いは強く意識しておかないといけません。どちらか片方だけに頼ってしまっては、リスクがあるからです。

まず、民間のスクールだけに頼ってしまうと、得意なものはどんどん伸びるかもしれませんが、みんなが身につけておくべきことが抜けてしまうリスクがあります。民間のスクールは週1回か2回、1時間か2時間程度のなかでしか教えることができません。学校は朝から午後の3時過ぎまで、部活をしていれば夕方まで続きます。そのなかで、給食があったり、そうじがあったり、朝の会・帰りの会があったりします。授業の時間以外にも多くの活動があり、運動会や文化祭などのイベントも盛りだくさん。そこで学ぶことはたくさんあります。

民間のスクールでは、使った道具の片付けくらいはしますが、施設のそうじまではしません。遠征試合や合宿でもない限り、食事をともにすることもありません。1時間なら1

時間、決まった練習時間が終わればすぐ帰宅です。習い事以外の時間というのはほとんどありません。

こう聞くと、「やはり学校のほうが優れているんじゃないか」と思われるかもしれませんが、両者の役割は異なります。学校だけに頼っていると、それはそれで弊害もあるのです。

学校は平均的に全員を伸ばすのが得意です。これは裏を返すと、平均的な枠に収まりきらないような子は、なかなかそこで自分のやりたいようにはやらせてもらえないということです。

例えば帰国子女で、英語がすでにペラペラの子がいたとします。その子が、「そんな簡単な英語ばかりやっていないで英語の歌を歌いたい」と言っても、その意見はなかなか認めてもらえません。結果、その子はずっと退屈な授業を聞いて過ごす。授業の時間で得るものはほとんどないので、やる気もなく、授業態度でマイナス点を付けられてしまうかもしれません。

こういった子はすでに平均以上の英語力が身についているので、英語をさらに学ぶのであれば、もっと難しい内容の教材を使う、外国のニュースを題材に英語で議論するといったことのほうが有意義だと思います。しかしほかの子が付いてこられないし、そのレベルでは先生も教えることはできません。この子は平均ラインでフタをされてしまっているようなものです。

平均的な枠に収まりきらない子が能力を発揮するには、学校の外に出ないといけません。英語はもうだいたい分かるから、今度はドイツ語を勉強したい。その選択肢の一つが民間のスクールです。小学校や中学校で「ドイツ語を勉強したい」といっても、対応はできません。

昭和の時代は、みんなと同じ方向を向いて動くことを求められました。今はそういう時代ではありません。みんなと同じ、すべてが平均的というだけでは生きていけないのです。

学校のいいところ、民間のスクールのいいところ、両方を取り入れて、バランスを取りながら自分の得意なことを伸ばしていくことが求められます。子どもが平均のフタで窮屈そうにしているなと思ったら、学校の外に飛び出すチャンスもつくってみてください。

「このくらいでいいだろう」はそこまでで終わり

オリンピックに出場した水泳の選手は、一人で練習しているときも目的意識をもってコツコツ取り組んでいたといいます。

その選手本人に、どのような気持ちで練習に取り組んできたのか、話を聞いたことがあります。彼は、水泳のエリート選手たちが集まる会に参加したとき、ある疑問を抱いたと言います。

ほかの選手たちも、自分とはそんなに実力が変わらない。もっと上を目指していいはずなのに、現状に満足してしまっている。「どうしてみんなもっと上を目指さないんだろう」と思ったのだそうです。

ほかの選手たちも、一生懸命練習をしていたはずです。しかし、世界の分厚い壁を前に、「世界とのトップスイマーたちには勝てっこない」「小さい頃から水泳をやってきて今の位置にいるだけでも十分だ」という意識があったのかもしれません。本気で世界を狙っている彼とは、大きな隔たりがあったのです。

彼の話を聞いて、物事を成し遂げるには、大事なことが二つあると思いました。

一つは、続けるということ。「継続は力なり」という言葉があるように、やはり何ごとも成功するためには継続が必要です。この水泳選手でいえば、毎日プールに入り、記録を取り続けたということ。この地道なことの積み重ねが、大きな結果を呼び込んだのだと思います。

もう一つ大事なことは、「上を目指す」ということです。

仮に「町で一番」というくらいに水泳が得意だったとしましょう。「次は県で一番になるぞ」と思えるかどうか。「このくらいでいいだろう」では、町一番の水泳選手で終わってしまいます。県大会で優勝したあとも同じです。「次は日本一になるぞ」と思えばさらに上を目指せますし、「このくらいでいいだろう」と思えばそこまでです。

トップレベルを狙う人の話でたとえましたが、そうでない人たちも同じです。

テストで学年30番になった。「真ん中よりも上にいるからこのくらいでいいだろう」では、そのとき以上の努力をしようとしません。次は20番台、そのあとは10番台といったように、自分で上に向かう目標を立てないことには、そこで終わってしまうのです。

子どもが「このくらいでいいだろう」と思わないようにするためには、何度も言うように、自分で考える力をもたせることです。「このくらいでいいだろう」というのは、言ってみれば自分で自分にフタをしてしまうような話。自己評価が高過ぎるのも問題ですが、この場合は低過ぎることが問題です。

もちろん、努力を重ねて挑戦しても、思うような成果を出せないことはあります。しかし、「自分はやり切った」という充実感は、そこまでいって初めて得られるものです。逆に、その過程で挑戦をやめてしまう、諦めてしまうことは、のちのち「もっと頑張れたかもしれない」「挑戦していればできたはず」など、後悔の種となってしまいます。

たとえ最後は目標に手が届かなかったとしても、挑戦することで得られた充実感・満足感・達成感は、その後の人生を豊かにするものだと考えています。

地球レベルで考えられる大人に

21世紀に入り、日本で起こっている問題の多くが、国境を越えてやってきています。

地球温暖化問題、テロとの戦い、リーマン・ショック、新型コロナウイルス、人種差別問題など、地球レベルで物事を考えられないといけない時代です。日本だけの視点では、これらの問題を理解することはできません。

私たち大人のほとんどは、20世紀の世界を知っています。当時と比べて大きく変わったのは情報のスピードと量です。１９９０年代後半からインターネットが普及し、２０１０年代にはスマートフォンやＳＮＳが爆発的に広がりました。変わったことが多過ぎて、私たちはまだそれをうまく扱えていないかもしれません。

今の若い世代をデジタルネイティブ、ＳＮＳネイティブとも呼びますが、今の10歳以下の子どもたちが大人になる頃には、また別の名で呼ばれているはずです。そういった世代からすれば古い世代にあたる私たちは、今の子どもたちにどうやって「地球レベル」で物事を考えてもらえばいいのでしょうか。

スマートフォンやタブレットを持ってきて、その使い方を教えただけでは、それはなかなか難しいと思います。国際ニュースを見せる、というのはいいかもしれません。テレビ、新聞、インターネットから情報を得ていけば、見識も広がります。ただ、体験としてはどうしても弱くなります。

子どもたちに、地球レベルで物事を考えてもらう第一歩。それは、実際に見て、触れて、自然を体験してもらうことだと思います。

近所の公園に出かけて植物を観察する、触る。虫を観察する、触る。海や山に連れて行く、星を観察する。本物の自然に触れたときに、子どもは初めて地球について考えることができます。

私が長年やっている海の学校やスキースクールも、子どもたちが自然に触れる機会になることを意識しています。海の学校では、シュノーケリングや魚釣り、地引網などのプログラムを用意して、自然に触れる体験をしてもらっています。スキースクールは、白い雪山の斜面に立っていること自体が自然との触れ合いです。

子どもたちはプログラムを通じて、自然に興味をもつようになります。そして地元に帰り、学校の社会科やテレビ、図鑑などで、地球温暖化や海洋汚染の事実を知ることになります。気候変動による農作物、海産物への影響。そしてそれが人々の暮らしにどう影響を与えているかということまで話は広がります。

こうした体験を経て、子どもたちは地球レベルで物事を考えるようになります。私たちは考えるきっかけを与えているだけに過ぎません。親子で山や海へ行く場合は、何よりも安全面を第一に考えてください。自然には多くの危険が潜んでいます。無理をしない、させないことが大事です。山などは天候もすぐに変わります。

すべては健全な心と体があってこそ

本番で力を発揮するために、大事なことは何か。

さまざまな経験をするということ。自分で考える力をもつということ。自分で計画を立てるということ。それに沿って行動するということ。どれも大事なことですが、もう一つ、これが欠けてしまってはどうしようもないというほど大事なものを挙げます。

それは、健全な心と、健全な体です。

精神的に不安定だったり、体調が悪かったりすれば、本番で力を発揮できません。わざわざ言うような話ではないかもしれませんが、「体が資本」というように、結局のところ心と体の健康に勝るものはないのです。

健全な心身を保つには、日々の健康管理や適度な運動が欠かせません。スポーツ教室でも「今教えているこのときだけ子どもたちがいきいきと活躍できればいい」とは考えていません。今の子どもが90歳、100歳になっても健康でいられるための基礎づくりも大きな目的の一つです。

大げさな、と思われるかもしれませんが、実際、小さい頃スイミングを習っていれば、体が動く限り70代、80代以上でも泳げます。一生モノのスポーツというわけです。私はもともと高校時代は水球、大学時代はスキーというスポーツにのめり込んでいましたが、水泳ほどの生涯スポーツはなかなかありません。

これからは人生100年時代ともいわれます。今大人の私たちが100歳まで生きられるかどうかは分かりませんが、今の子どもたちは、私たちよりも長生きする人が多いと予想されます。

しかし寿命が延びた分、寝たきりの時間が長くなるだけでは、決して人生の質までが向上したとはいえません。寝たきりになれば介護も必要になります。寿命が延びたのであれば、もっともっと健康でいられる時間を延ばしていくことが求められます。

本番力のためには健全な心と体が大事ですが、実はその逆もいえます。本番力を磨いていれば、健全な心と体もセットで付いてきやすいのです。人間の肉体は個々によって異なりますから、全員が全員、健康でいられるわけではありませんが、少なくともそれに影響するということはいえます。

なぜなら健康管理というのも、まさに本番力を磨くうえで大切な「自分で計画を立てる」ということをしているからです。毎日何時に寝るか、運動は週にどのくらいするか、検診はいつどれだけの項目を受けるか。そうした計画を自分で立ててそのとおりに生活し、その結果、長生きにつながりやすくなります。

「子どもに何かを残したい」

という場合、多くは家や土地、お金など、資産価値のあるものを考えます。しかし健康というものも、「本番力を磨く」ということを通じて子どもたちに残せる遺産の一つです。

夢は言葉にしたほうが実現しやすい

私は福島県の猪苗代町にあるホテルの経営者でもあります。ホテルにはスキー場が併設されており、そこでスキー学校も開いています。と言うと、私がものすごい資産家なのではないかと思われるかもしれません。ホテルとスキー場。どちらも建設には巨額の資金が必要です。しかしこれにはいろいろと経緯があります。私にとってスキー場を持つことは、夢のまた夢。でもそれが叶ったのは、私が「いつか自分でスキー場を持ちたい」といったことを、言葉にしていたからなのです。

「夢は自分で言葉にして言ったほうがいい」

私がそう考えるきっかけをくれたのは、プロスキーヤーの三浦雄一郎先生です。

三浦先生はエベレスト最高齢登頂記録を三度も更新するなど、登山家としても有名ですが、若い頃はプロスキーヤーとして有名で、私も学生時代に講演を聞きに行ったことがあります。そのとき、三浦先生はこう言っていました。

「私は最初に『エベレストに登る』と言ってしまう。言ったからには、やらないと嘘になるので、やらざるを得ない。だからそれに向かって頑張ることになる」

若かった私はこの言葉に感銘を受けて、「自分がやりたいことは言葉にして言ってしまおう」と思いました。

「いつか自前のプールで指導したい」

「いつか自分でスキー場を持ってスキー教室を開きたい」

すると、すぐではありませんが、私のもとに、専用のプールを使わせてくれるという話が舞い込み、スキー場とホテルを経営しないかという打診があったのです。

このホテルは、もともと私が学生時代にアルバイトをしていたホテルです。スキー客が減って経営が悪化した際に、当時の経営者から私に「代わりにやってくれないか」と声が掛かったのです。私が「スキー場を持ちたい」という夢を言葉にしていなければ、この話は来なかったはずです。言葉にしたから私の行動がスキー場を持つための行動に変わり、そしてそれが前の経営者のもとに届いたというわけです。

夢を言葉にするのは、最初は勇気がいることです。

「こんなことを言って笑われたらどうしよう」

「できなかったら嘘つきになってしまう」

そんなふうに思うかもしれません。でも言うのはタダですから、言って損はありません。自分で言葉にすることで、これまでとは行動が変わります。すべてがその夢に向かっていくのです。もしダメだったとしても、そこから反省して、また夢に向かっていく、あるいは軌道修正することは可能です。

子どもに、夢を言葉にして行動の目標をもたせるのが大切だということを述べたのは、私自身にこのような経験があったからです。三浦先生も言葉にすることで、エベレスト登頂という夢を何度も叶えています。イチローさん、本田圭佑さんなども、小学校の卒業文集で、自分は将来プロの選手になると宣言しています。

この原則は私に限らず、多くの人たちに再現性があるのではないかと思います。言った以上、やるしかなくなる。私は今名前を挙げた方のような偉業を達成したわけではありませんが、自分だけでは到底叶えられない夢を叶えることができました。

子どもにもぜひ、自分の夢を言葉にしてもらってください。そうすれば、子どもはその目標に向かって行動が変わります。

それは本番力とも関連します。夢という大目標につながる受験や発表会、大会などの本番にも、子どもは本気で向き合うでしょう。日頃の発言、生活習慣もすべて、その目標につながっていきます。

最初は親御さん自身が、今やりたいことを言葉にしてみてください。

「今年の夏はみんなでキャンプに行こうね」

「次の休み、キャッチボールしよう」

言ったからには、やらないと嘘になります。そこは徹底してください。まずは親御さん自身がやりたいことを実現する姿を見せれば、子どもの行動も変わってくるはずです。

おわりに

「なぜコアラなの？」

私の経営する「コアラ体育サービス」の社名の由来をよく聞かれます。

コアラが子どもに人気な動物でもあるのでそう付けたのですが、由来は私自身の経験にもあります。

コアラといえばオーストラリア。私は20代の頃、この国に何度か行きました。雪山で撮影される映画のロケに参加しないかという話があって、私も付いていったのです。

当時、飛行機会社は夏のレジャーの行き先として、そのときオーストラリアを大々的に宣伝していました。夏というのは日本での季節で、オーストラリアは冬です。私は学生時代にスキーに明け暮れ、福島県のスキースクールでアルバイトをするなど、スキー界隈の人脈もありました。

オーストラリアでは、雪山だけでなく、すべてが刺激的に映りました。その一つが、スイミングスクールです。当時、日本ではまだスイミングスクールが珍しいものでした。都内でも私の知る限りでは1、2カ所。全国的にも、それほど数は多くなかったと思います。

「自分も日本でこういう教室をやってみたいな」

帰国後、私は就職活動もしましたが、自分がやりたいことと違ったため、自分でスイミングスクールを開くことにしました。浅草の近所で声を掛けて集まった子どもは3人。自前のプールなどありません。近場で練習に使わせてもらえるプールを探しては、ジプシーのように渡り歩いて、個人レッスンをしていたのです。口コミでだんだんと生徒が増えていき、10年ほど経った頃に、ある企業のご厚意で東京北区のプールを私たち専用のプールとして使えるようになりました。今では私のもとに現役の水泳選手が「コーチをさせてほしい」と訪ねてくることもあります。

そのなかにはオリンピックに出場するような一流の選手もいます。子どもたちはオリンピックの選手だとは知りません。普通のコーチとして、子どもたちと接しています。

オリンピック選手と、子どもたちが一緒のプールで泳いでいる。

これは奇跡に近いようなことです。全国の子どもたちで、そのような体験ができる子どもはごくわずかでしょう。しかし私のスポーツ教室経営の原点でもあるオーストラリアでは、オリンピック選手と一般の人たちが当たり前のように交ざり合っていました。

同じ陸上トラックで、老夫婦とオリンピック選手が並んで走っている。体育館では、レスリングのオリンピック選手が、子どもたちと同じマットの上で練習をしていて、休憩時間には追いかけっこをして一緒に遊んでいる。一般人とアスリートの練習場所を完全に分けている日本では、考えられない光景でした。

本物を見る機会は、子どもたちを大きく成長させます。今、コアラスイミングスクールのコーチがオリンピック選手だと知らない子どもも、いずれ知ると思います。こちらからは説明していませんが、本名を名乗っていますし、自分の学年が上がれば雰囲気からも一流選手であるということは察するでしょう。一流の人がどんな考え方をするのか、どんなふうにしゃべるのか、どんな仕草をするのか。たとえ子どもたちが将来、水泳選手にならなくても、のちの人生で参考になることが多いと思います。

オリンピック選手を生で見る機会というのはなかなかないかもしれませんが、プロの試合を見に行く、美術館に行く、コンサートを見に行く。こういった本物に触れる体験を、ぜひ多くの子どもたちにしてもらえたらと思います。子どもは私たち大人以上に多くのことを感じ取り、それを自分のやろうとしていることに還元しようとするでしょう。

本書の目的は「本番力を身につける」ということです。それは、子どもの才能を開花させることにほかなりません。

もちろん、そんな簡単に開花させられたら、苦労はありません。大変なことです。しかし、才能を開花させた人たちには共通点があります。その前例をしっかりとたどっていけば、どんな子どもにも、どこかで才能が開花するチャンスが必ず訪れます。

まずは子ども自身が、自分の能力を知るということが大事です。そのためには、たくさんのことを経験する必要があります。時間や費用の制約があるなかで大変なこともあると思いますが、子どもが興味をもったことには、どんどんチャレンジさせてみてください。うまくできたかどうかは大きな問題ではありません。失敗をしてもすぐにまた元に戻れるのは、子どもだけの特権です。その特権を活かして、特に幼児期は集中的にいろいろな経験をさせるといいでしょう。たとえそれをずっと続けなくても、子どもの血肉となっているはずです。

私はこれからも、コアラ体育サービスの運営を通じて、本番で自分の力を発揮できる、そして自分で自分の道を選択できる子どもたちを育てていきたいと思います。そして私がかつてオーストラリアで見たような光景が、日本各地でも見られる。そんな時代が訪れたらと夢見ています。

そのためには、私の力だけではとても足りません。子どもたちを家庭で育てる保護者の皆さん一人ひとりの力が必要です。子どもたちの可能性を信じて、一緒にサポートし続けていきましょう。

村井正太郎

村井正太郎（むらい　しょうたろう）

早稲田大学教育学部卒。筑波大学大学院修士課程修了。

大学卒業後にコアラ体育クラブを設立し、現在はコアラスイミングスクール、ＳＩＡ公認軽井沢スキースクール、ＳＩＡ公認大山鏡ヶ成スキースクール、ウエザーフレンド自然学校、ばんだい×２スノースクール、岩地海の学校の代表として活動。50年間で約57万人の幼児～高校生を指導し、スポーツの発展とスポーツを通じた地域コミュニティ機能の充実を目指している。

本書についての
ご意見・ご感想はコチラ

家庭で磨く本番力
ここ一番に強い子を育てるための50の鉄則

二〇二一年七月三〇日　第一刷発行

著　者　村井正太郎
発行人　久保田貴幸
発行元　株式会社　幻冬舎メディアコンサルティング
〒一五一-〇〇五一　東京都渋谷区千駄ヶ谷四-九-七
電話　〇三-五四一一-六四四〇（編集）
発売元　株式会社　幻冬舎
〒一五一-〇〇五一　東京都渋谷区千駄ヶ谷四-九-七
電話　〇三-五四一一-六二二二（営業）
印刷・製本　シナノ書籍印刷株式会社
装　丁　古矢伊織

検印廃止

Printed in Japan　ISBN 978-4-344-93420-7 C0037
幻冬舎メディアコンサルティングＨＰ　http://www.gentosha-mc.com/